www.tredition.de

AF185393

Magdalena Bennato

Gottes Wunden

Geschichte(n) einer Resilienz

www.tredition.de

© 2021 Magdalena Bennato

Verlag und Druck:
tredition GmbH, Halenreie 40-44, 22359 Hamburg

ISBN
Paperback: 978-3-347-26006-1
Hardcover: 978-3-347-26007-8
e-Book: 978-3-347-26008-5
Hörbuch: 978-3-96931-441-8

*Für meine Wegbegleiter,
die mein Leben bereichern,
mit Verständnis, Geduld,
mit Tiefe und Liebe.*

1

Wir wohnen noch im Haus meiner Großeltern.

Ein Kälbchen, rot-weiß, steht angebunden an der Kellertür. Es blökt nach seiner Mama.

Die Kuh im Stall muht laut, ohne Pause. Sie ist am Trog festgebunden. Sie verdreht ihren Kopf so stark, dass das Augenweiß hervortritt.

Das Kälbchen hat große, schwarze Augen.

Es zieht an der Schnur. Will wieder zu seiner Mutter.

Es ist kein halbes Jahr alt. Ein kleines Kälbchen. Männlich. *Nutzlos* – sagt Großvater.

Es wird geschlachtet, zerstückelt und verkauft.

Ein Geheimtipp unter den Nachbarn und Bekannten meiner Großeltern.

Es ist strengstens verboten, Tiere zum Verkauf zu züchten. Mein Großvater tut es trotzdem. Es ist im Kommunismus, und Kalbfleisch ist eine Delikatesse.

*

Ich sehe mich am Küchenfenster stehen. Ich weine und schreie nach meiner Mutter.

Sie steigt den Hügel hoch. Sie muss zur Arbeit.

Ich sehe, wie sie sich dreht und mir zuwinkt. So ist es ausgemacht. Trotzdem habe ich Sehnsucht.

Ich will nicht, dass sie mich alleine lässt. Ich schluchze und schreie.

Mit einer Münze, die ich auf dem Tisch finde, schlage ich gegen das Fenster.

Ich bekomme keine Luft mehr.

Meine Großmutter kommt, sagt etwas, versucht mich zu beruhigen.

Ich will meine Mutter haben!!

Ich gehe im Garten umher. Besuche die Tiere. Streichle die Kühe, die Hasen.

Beim Schweinestall gibt es eine kleine Sickergrube. Es ist eigentlich ein Fass. Einbetoniert im Boden. Darin ertrinken regelmäßig kleine Schweinchen, Hasen, Küken.

Ich sehe gerade dort eins an der Oberfläche treiben.

Das Fass wird fast nie abgedeckt. Die Großmutter schimpft mit dem Großvater: *Da kann ja ein Kind ertrinken! –* sagt sie erbost.

Ich darf dort nicht hin und soll ja aufpassen. Ich gehe dort eh nicht gerne hin. Habe Angst vor den großen Tieren. *Sie essen alles –* sagt der Großvater *– auch Kinder.*

Dort gibt es auch ein blaues Plumpsklo – ich habe immer Angst, dorthin zu gehen. Es riecht unangenehm, und die Bretter wackeln unter meinen Füßen. Ich kann durch sie hindurchsehen. Dort ist es immer dunkel.

Hoffentlich falle ich nicht hinein – denke ich immer, wenn ich doch hin muss.

Bei den Eltern meiner Mutter gibt es auch ein solches Klo. Dort kann man sogar den Inhalt sehen. Fliegen legen dort ihre Eier ab. Daraus entwickeln sich Maden.

Ich habe immer Angst, wenn ich auf dem Loch im Brett sitze, dass ich in die Madenmasse hineinfalle. Das Loch ist eigentlich zu groß für mich.

*

In einem Dampfgarer kochen Kartoffeln und Getreide für die Schweine. Darin werden auch verendete Tiere, Knochen und Häute mitgekocht. *Schweine essen alles.*

Mein Vater bringt mir einen Welpen. *Wenn du brav bist und auf ihn aufpasst, darfst du ihn behalten* – sagt er. Ich verspreche alles.

Der Welpe hat einen kupierten Schwanz, und die Wunde ist noch nicht ganz abgeheilt. Ich fasse ihn immer wieder an, aber der Welpe weicht aus. Ich setze ihn auf einem Pralinenschachteldeckel, um ihn festzuhalten.

Eines Tages – mein Vater meint, er wird zu groß für zu Hause – wird er von ihm auf unsere Parzelle mitgenommen. Dort wird unser Haus gebaut.

Der Hund wird in einem Hasenstall einquartiert und das Essen wird ihm von meinem Vater gebracht. Meistens Reste vom Mittagessen.

Eines Tages ist er nicht mehr da. *Der Opa hat ihn wahrscheinlich mitgekocht* – sagt mein Vater. *Für die Schweine.*

Er ist einfach verschwunden.

Ich bin traurig. Der Welpe war so süß. Milchkaffeefarben, mit schwarzer Zeichnung um die Augen und an den Pfoten.

Später bekomme ich mit, dass man Tiere, die nicht gut geraten sind, zum Beispiel Hunde mit Schlappohren oder einem Ringelschwanz, an einer Mauer erschlägt. Sie sind *nicht richtig*.

Eine wie auch immer geratene Geburtenkontrolle. Das gleiche macht man mit Katzen.

Andere Tiere dürfen länger leben. Es sind ja Nutztiere. Zum Essen.

Sterilisation oder Kastration ist eine Sünde. Und Tiere sind ja auch keine Menschen …

Etwa 35 Jahre später ist meine Mutter bei uns zu Besuch. Sie sieht unsere Katze, die gerade reinkommt und ihren Schwanz wie üblich gebogen nach oben hält. Meine

Mutter meint – *Sie wird sicher bald trächtig werden.* Ich kann sie beruhigen. Unsere Katze hatte zwar schon Junge bekommen, wurde dann aber sterilisiert.

Meine Mutter ist entsetzt. *Wie konnten wir bloß das dem armen Tier antun … das ist doch eine Sünde* – sagt sie.

*

In Großvaters Garten gibt es einen großen Hund. Er ist so mächtig, dass sein Kopf sich auf der Höhe meines Gesichtes befindet.

Ich soll alle ein bis zwei Tage Milch holen gehen. Ich habe Angst vor ihm. Er läuft meistens frei herum.

Ich schaue immer zuerst nach, ob er vielleicht nicht doch an der Kette ist.

Eines Tages ist er fort. Endlich. Was für ein Glück für mich. Verkauft oder gekocht … ?

Für die Schweine. *Die essen alles.*

*

Meine Oma züchtet Küken auf dem Dachboden. Ich darf mit ihr hoch gehen. Die Küken laufen dort in alle Richtungen davon. Nur zur Fütterung kommen sie angelaufen. Ich darf eins anfassen. Es ist so warm, flauschig, weich. Es piepst ganz leise. Ich halte es zu fest. Oma ist böse und schimpft.

Ich weiß nicht, wie ich's nehmen soll. Ich habe es vorher noch nie machen dürfen.

Die Küken verleben ihre ersten Wochen auf dem Dachboden. Da gibt es keine Habichte und Elstern. Sie sind gut geschützt, und das Tageslicht schimmert durch die Glasziegel.

Dort ist es staubig, düster in den Ecken.

Auch der Zugang ist kompliziert: Über eine Wandleiter, die in einem Schacht steht, gelangt man auf ein schmales Brett, das einfach über dem Schacht liegt. Man muss gut balancieren können, um auf die andere Seite zu gelangen.

Die Luft dort ist trocken, abgestanden; kleine Staubpartikel flimmern im Licht.

Im Stall darunter stehen Kühe. Schwarz, weich, warm. Die große Leitkuh schaut auf, als ich hereinkomme. Ich kraule sie zwischen den Hörnern. Sie streckt den Kopf nach mir aus. Genießt. Ihre Zunge ist sehr beweglich. Rau. Sie leckt meine Hände.

Der Großvater ist sehr sparsam. Die Kühe haben immer zu wenig Einstreu und machen sich manchmal sehr schmutzig. Er meint, sie machen es mit Absicht.

Er tritt nach der Kuh.

Sie soll gefälligst aufstehen. Er rammt die Mistgabel in ihre Hinterbeine. Die Kuh springt auf.

So lernt das Tier sauber zu bleiben – sagt mein Opa.

Eines Tages hilft er einer Kuh beim Kalben, in dem er das Kälbchen mit Gewalt aus ihr herauszerrt. Er rutscht auf dem nassen Boden aus. Mit einem Schädelbasisbruch kommt er ins Krankenhaus. Nach wenigen Tagen sehe ich ihn wieder. Opa hat sich selbst entlassen.

Ich mag das Geräusch des Melkens. So beruhigend. Die Großeltern lehnen ihre Köpfe in die Kuhle am Bauch der Tiere. *Zisch, zisch, zisch ...*

Oma betet oder singt. Opa ist manchmal lustig. Redet mit mir. Die Katzen kommen und schlabbern Milch aus alten Konservendosen. Hasen springen in ihrer Behausung unter dem Futtertrog. Dort ist es zu feucht für sie. Sie bekommen Ausschläge.

2

Meine Tante, die Schwester meiner Mutter, spielt Akkordeon. Sie hat sehr große Hände und eine sehr tiefe Stimme. Wie der Großvater.

Das Akkordeon ist dunkelrot. Es glänzt ... Ich bin fasziniert ... Will alleine spielen. Das geht nicht.

Ich bin zu klein für das Instrument. Ich versuche gleichzeitig zu spielen und Luft zu pumpen.

Lass das, es reicht – sagen meine Eltern. Das Akkordeon wird wieder weggepackt.

Auf der Hochzeit meiner Tante spielt eine Kapelle. Ich darf in den Pausen das Schlagzeug spielen. Aber ja nicht zu lange. *Es stört.*

Mein Onkel wirft mich in die Luft. Zur Begrüßung. Er lacht dabei. Ich mag das nicht. Ich habe Angst, dass er mich nicht rechtzeitig auffangen wird. Es tut weh, von ihm gedrückt zu werden. Er ist grob, lacht dabei. Es soll lustig sein. Ich lache auch, weil alle anderen lachen.

3

Ich mag die schöne glänzende Orgel in der Kirche, in die wir jeden Sonntag zur Messe gehen. Beim Herausgehen, in der Menschenmenge, darf ich endlich hochschauen und mich satt sehen.

Der Organist ist blind. Er kann fantastisch improvisieren.

Der Klang, der mich umgibt, ist weich. Er schwillt am Ende an …

Jetzt habe ich kein gutes Gefühl. Ich habe mich wieder schlecht benommen. Bin in der Kirche herumgelaufen und habe mir die Menschen, Bilder und Altäre angeschaut. Meine Eltern stehen immer vor einem Seitenaltar, und ich kann nichts sehen. Mir wird immer langweilig.

Der Mesnerbruder kommt mit dem Opferkörbchen vorbei. Er legt mir immer seine Hand auf den Kopf. Er darf eigentlich nicht segnen, aber sein Daumen zeichnet immer ein Kreuzzeichen auf meine Stirn. Es ist eine Dankesgeste. Es fühlt sich immer so schön an. Weich, zart und liebevoll. Seine Hand riecht nach Weihrauch und sein weißes Gewand nach Stärke und sauberer Wäsche. Ich kann es nie abwarten, bis er wieder kommt.

Auch die Klosterpatres sind sehr nett. Jedenfalls meistens, oder fast alle.

Ein Pater gibt in meiner Klasse Religionsunterricht. Er teilt immer mit der ganzen Klasse sein bescheidenes Mittagessen. Der Unterricht findet damals noch in einem separaten Gebäude außerhalb der Schule statt. Im Winter kommen wir, die ganze Klasse, ziemlich verfroren rein. Er macht gleich seine Thermoskanne mit der Roterübensuppe auf und gibt jedem von uns einen Schluck.

Wir vergöttern ihn. Und unsere Mütter nützen jede Gelegenheit, um in seiner Nähe zu sein und ein paar Worte zu wechseln.

An meinem Erstkommunionstag soll ich ihm und dem Oberprior vor der versammelten Gemeinde ein Gedicht vortragen. Es klappt gut, und am Ende gibt es Blumen für beide. Ich vertausche jedoch die Farbe der Blumen in der ganzen Aufregung. Meine Mutter redet den ganzen Nachmittag immer wieder davon, dass ich´s falsch gemacht habe. Ich verstehe es nicht. Es waren weiße und rosa Nelken.

Der Unterschied ist doch nicht so groß. Sie hat sich halt dabei was gedacht …

Der Nachfolger ist nicht so nett zu uns …

Er steht in der Tür des Unterrichtsraums mit der weißen Schnur in der Hand, die sonst seine Kutte zusammen hält.

Er macht ein „Spielchen" mit uns ... Wer es schafft, ruhig vorbei zu gehen, wird nicht geschlagen.

Wer zu schnell geht, bekommt etwas auf den Hintern. Mädchen schlägt er meistens nicht. Auch mit einem Lineal macht er es gleich. Wer seine Hände ruhig hält und sie nicht ruckartig wegzieht, bekommt es nicht so zu spüren. Wir lachen alle, er auch.

Ein Mann Gottes tut doch alles nur aus Liebe zu den Kindern. Die Jungs hassen ihn mit der Zeit. Ich muss meine Hände auch einmal hinhalten. Es tut höllisch weh. Er schlägt mit der Kante. Er grinst dabei.

Zu Hause werde ich geschimpft. Oft geschlagen. *Ich soll mich doch endlich benehmen!!*

Ich weiß nicht, was ich falsch mache. *Ich soll mich hinknien und Rosenkranz beten. Zur Strafe für mein Benehmen in der Kirche.*

Ich habe meinen eigenen Rosenkranz. Blau-weiß. In einer rosa Plastikschachtel, die an ein Buch erinnern soll. Der Rosenkranz zerfällt in einzelne Fragmente.

Du hast das sicher mit Absicht getan, sagen meine Eltern ...

Ich bete schnell. Immer den Anfang des „Vater unser" oder „Ave Maria".

Ich glaube, dass es so richtig ist. Mein Vater wundert sich, dass ich schon fertig bin. Ich soll ihm vormachen, wie ich bete. *Das ist doch falsch* – sagt er und erklärt mir, wie man es richtig macht.

Es ist unendlich lang. Mir tun Knie, und Hände und der Rücken weh. Ich muss mich erbrechen. *Das kommt sicher vom Essen* – meint meine Mutter.

Ich bekomme als Drei- bis Vierjährige auch ein Kindergebetbuch. Die Bilder sind sehr ausdrucksstark. Sie sprechen mich an und bewegen mich sehr. Der Gottvater schaut sehr gütig aus. Auch die Muttergottes wirkt sehr liebevoll.

Es gibt aber auch Bilder, die ich sehr traurig finde. Zum Beispiel der Junge, der mit seinem Fußball eine Fensterscheibe eingeschlagen hat. Seine Mutter sieht meiner Mutter ähnlich. Sie weint.

Der Junge schaut hinter einer Ecke hervor.

Ich denke oft, dass ich auch so ungezogen bin. Wie der Junge.

Oft wird er mir als Beispiel für mein Benehmen vorgehalten.

Allerdings, ich habe noch nie meine Mutter wegen mir weinen sehen.

Heute, 45 Jahre später, werde ich immer wieder von meinem Vater gefragt – *Hast du überhaupt einen Rosenkranz und betest du damit? Das ist das wichtigste Gebet eines Katholiken.* Er kennt jemanden, der sich durch Rosenkranz beten vom Alkoholismus befreite. *Er trinkt jetzt nur sehr wenig.* Sagt er.

*

Am Wochenende ist unser 23. Hochzeitstag. Meine Eltern bestellen eine Messe und tun sehr wichtig. Ich soll an diesem Tag ja in die Kirche gehen.

Sonst wirkt es nicht – sagt mein Vater. *Und wenn man dich erst hereintragen wird, wird es zu spät sein. Du weißt schon …*

4

Mein Vater unternimmt immer wieder Versuche, mich im Gesicht streicheln zu wollen.

Seine Hand ist rau und ungelenk. Es riecht immer wieder anders. Ich weiß nicht, wie mein Vater wirklich riecht.

Er wäscht sich oft die Hände, immer aber, wenn er von draußen kommt. Meistens in der Badewanne. Da ist immer Wasser drin, von der Waschmaschine oder vom Baden.

Er lässt nie einen Tropfen Wasser ungenutzt laufen. Einfach so. Es ist wichtig zu sparen, und keiner kann das so gut wie er.

Alles wird gesammelt, Essen, Kleidung, alte Werbeprospekte, sogar Müll. Er kann alles brauchen.

Die Hand die er immer wieder an mein Gesicht drückt, riecht intensiv mal nach Kernseife, mal nach seinem Rasierwasser, mal nach Erde, nach Tieren oder Gülle.

Immer überdeckt mit einem anderen *Duft.*

Ich sehne mich nach Zuneigung, Wärme und Liebe, kann aber nicht leiden, wenn er mich anfasst.

Ich will keine Berührung … nicht von ihm, nicht mit seinen Händen …

Er fasst mich sonst nicht an, er nimmt mich nicht in den Arm, er streichelt mich nicht, er küsst mich nie, er berührt mich nie liebevoll. Ich kann mich daran nicht erinnern.

Ich darf aber seine Hände massieren. Er hat ein schlimmes Rheuma, und das Massieren macht es wohl erträglicher.

Mit der Zeit wird es meine Aufgabe.

Er liegt auf dem Sofa, schaut Fernsehen. Ich soll herkommen. *Das mache ich doch so gut, mit meinen kleinen, geschickten Händen.*

Mit der Zeit kann ich es nicht leiden. Ich will es nicht. Ich fühle mich schuldig dabei. *Ich will seine Schmerzen nicht verstehen* – sagt er. *Ich habe zu wenig Mitgefühl. Ich bin unchristlich.*

Wir liegen zusammen im großen Bett meiner Eltern und schauen etwas im Fernsehen an.

Er hält bewusst Abstand zu mir. Man soll ihm ja nicht nachsagen, er würde von mir was wollen. Er ist doch ein anständiger Katholik, kein Perverser, kein Pädophiler.

Seine Berührungen sind ganz anders … so will ich auch nicht angefasst werden.

Meine Mutter kommt von der Arbeit. Es ist schon spät. Sie ist müde, muss aber noch an meinem Kommunionskleid nähen. Bis Mai soll es fertig werden. Jetzt ist Anprobe.

Meine rechte Hüfte ist immer zu hoch. Ich soll mich dann immer so hinstellen, dass die Hüfte doch gerade ist. Am besten das eine Knie nicht durchstrecken, das andere aber umso mehr.

Sie muss jetzt mehr Stoff nehmen. Das Kleid soll ja gleich lang werden und keiner soll merken, dass ich krumm bin. Ich soll möglichst makellos sein.

Mein Vater kommt immer früh in mein Zimmer, um mich zu wecken. Er macht es, anders als meine Mutter, immer sehr leise, spricht mit einer gedämpften Stimme, ist nett.

Manchmal möchte er lustig sein und reißt an meiner Decke. Ich habe mein rosa Sommernachtshemd an, das mir immer hoch rutscht, während ich schlafe. Ich bin nackt darunter, aber ich mag es so. Ich halte es für normal. Ich finde, dass die Bettwäsche sich schön an meiner Haut anfühlt.

Er reißt an meiner Decke und bemerkt, dass ich eigentlich nichts anhabe. Es ist ihm peinlich.

Er schaut weg und ist etwas verlegen.

Ich bin kein Kleinkind mehr, und das wird ihm wohl jetzt bewusst. Er macht es nie wieder.

Unsere Hunde mag er lieber als mich. Er sagt es immer wieder. *Sie hören auf ihn. Sind gehorsam. Anders als ich. Wenn er gewusst hätte was aus mir wird, hätte er mich schon gleich am Anfang gegen die Mauer geschleudert ...*

Er will immer wieder, dass ich die Balkontür aufmache und für ihn, der draußen arbeitet, alle meine Klavierstücke spiele. Am liebsten die bekannten, Volksliedchen und Kirchenlieder. Die Nachbarn sollen es immer hören und neidisch werden. Während er arbeitet, schaut er immer wieder auf, ob auch jemand merkt, dass ich spiele.

Daraus entsteht ein Zwist zwischen mir und meinem Nachbarn, der gleich alt ist und in meine Klasse geht.

Seine Mutter, unsere Klassenlehrerin, erträgt es nicht, dass ich Klavier spiele und der arme Junge muss anfangen, Akkordeonunterricht zu nehmen. Er muss auch draußen üben, auf einer Gartenbank sitzend. Er soll auch bei uns Klavier üben, da er kein eigenes hat. Ich finde es schön, ihn zu unterrichten und ihm zu helfen. Ganz anders meine Eltern. Sie sind verärgert, lassen es aber zähneknirschend zu, da seine Mutter ja meine Lehrerin ist. Sie könnte sonst, aus Rache, meine Noten in der Schule drücken. Ich bin zwar eine sehr gute Schülerin, aber mit Lehrern im damaligen Polen 1980 ist nicht zu spaßen.

Ich soll also nur dabeisitzen und darf nichts sagen oder irgendwelche Hinweise zum Spielen geben. Ich ordne mich unter, verstehe aber nicht, warum ich nicht helfen darf?

Ich finde meine Eltern komisch.

Wir beide haben trotzdem viel Spaß miteinander.

*

Mein Vater lobt mich nie. Er ist zwar stolz, aber er sagt es nie zu mir. Ich bin ein Einzelkind und soll ja nicht verwöhnt werden …

Als sein Bruder zu Besuch kommt, soll ich etwas vorspielen. Seine Frau wünscht sich die „Donauwellen". Ich kann dieses Stück nicht leiden, spiele es aber für sie. Dann noch ein Stück.

Sie sind begeistert. Meine Tante wünscht sich noch ein Stück, das ich nicht kenne.

Mein Vater meint – *Sie kann nur nach Noten spielen.* Er schämt sich für mich.

Es ist ihm offensichtlich peinlich vor seiner Familie.

Ich fühle mich unvollständig. Ich kann nur nach Noten spielen.

In den Sommerferien fahre ich zu meiner Oma. Da gibt es kein Klavier, und sonst ist es auch sehr ruhig und beschaulich. Ich nehme meine Blockflöte mit und spiele dort für die Oma.

Sie hört gar nicht wirklich zu, sondern sagt gleich, nachdem sie die Flöte gesehen hatte – *Das ist doch keine Blockflöte, das ist doch eine Hirtenflöte.* In Polen wird ungeschicktes Verhalten mit diesem Wort kommentiert.

Du bist doch ein „Fujara". Ein Taugenichts. Der Begriff für die Hirtenflöte heißt *Fujarka.* Es ist nur etwas verniedlicht. Wie eine kleine oder große Geige.

Etwa zehn Jahre später bin ich zu Besuch bei meinen zukünftigen Schwiegereltern und darf erleben, mit welcher Begeisterung jede auch noch so kleine Entwicklung der Kinder wahrgenommen, unterstützt und begleitet wird.

Ich staune über die Erziehungsmethoden in einer deutschen Familie.

Wenn wir von einem Aufenthalt in Polen kommen, werden wir herzlichst von der ganzen Familie schon vor dem Haus empfangen, begrüßt und in den Arm genommen. Das fühlt sich so schön an. Ich kenne es nicht.

Das erzähle ich meinen Eltern, die meinen nur – *Ja was? Sollen wir euch auch so begrüßen?* Sie sind empört über das Verhalten der Deutschen. In Polen wird erwartet, dass die Kinder zu den Eltern kommen, nicht andersherum.

Es dauert einige Jahre, aber sie schaffen es jetzt doch immer wieder, vor den Eingang raus zu kommen.

In Polen 1990 werden die Deutschen nur als Nachkommen Adolf Hitlers verstanden. Lauter SS-Männer, Kindsmörder, Verbrecher.

5

Ich liebe meine Flügel.

Den ersten großen Konzertflügel am meisten.

Das ganze Zimmer ist zur Hälfte ausgefüllt.

Mein Vater sammelt alte Sachen. Uhren mag er ganz besonders. Bald sind alle Wände voll.

Bilder, Kerzenständer, Instrumente. Es nimmt kein Ende.

Jede noch so kleine Ecke wird vollgestopft.

Bald gibt es den zweiten, dritten und vierten Flügel. Der letzte findet nur im Keller an der Wand genug Platz. Bis heute stehen alle noch im Hause meiner Eltern.

Wir, die wir alle Klavier spielen, werden nie gefragt, ob wir ein Instrument bräuchten.

Aber sie verkaufen meinen geliebten *Wiener* mit Elfenbeintasten. Mit Gewinn.

*

Meine Mutter kämmt jeden Tag meine Haare. Ich habe sehr langes, dichtes, braunes, welliges Haar. Sie teilt es in zwei Teile und kämmt immer wieder. Jeden Tag hundert Bürstenstriche – dann glänzt das Haar schön. Die Haarbürste ist aus hellen Holz, mit echten Borsten.

Sie fragt, wo denn meine Trinkflasche wäre (ein grüner Flachmann, aus Glas).

Ich nehme sie immer in die Vorschule mit. Da ist meistens etwas Gesüßtes drin.

Die Flasche ging am Vortag kaputt.

Ich bin bei den Nachbarskindern zum Spielen. Ich darf eigentlich dort nicht hin. Sie sind meiner Mutter nicht fein genug. Es ist eine Familie mit sechs Kindern. Ich fühle mich da hingezogen.

Sie sind so herzlich und nett.

Ich stolpere und falle hin. Überall liegen Scherben. Ich mittendrin. Zum Glück unverletzt.

Ich weine sehr. Habe Angst davor, nach Hause zu gehen. Die Nachbarin kommt, kniet sich vor mich hin und versucht mich zu trösten. Ich kann kaum sprechen, so sehr muss ich schluchzen.

Sie nimmt mich in den Arm und geht dann. Nach einer kurzen Weile kommt sie wieder. In der Hand hält sie eine neue Flasche. Rund und durchsichtig.

Meine Mutter schlägt mich mit ihrer ganzen Kraft. Immer und immer wieder. Ich liege am Boden, neben dem Schrank mit der Nähmaschine. Es tut weh. Am Kopf, am Rücken.

Ich weine. Was kann ich denn dafür, dass die Flasche kaputt gegangen ist?

Warum bist du dort hingegangen? – fragt sie.

Sie schlägt mich so nie wieder.

Sie schaut nur zu, wenn ich geschlagen werde.

Die Bürste ist aus hellem Holz, lackiert. *So was hat nicht jeder ...*

Die kaputte Flasche fand mein Vater weggeworfen auf einem Müllhaufen ... Sie war so besonders. Schön. Mit einem Etikett mit französischer Aufschrift: *Remy Martin.* Eine Cognacflasche. Mindestens zwanzig Schläge wert ...

6

Ich bekomme ein blaues Kinderfahrrad mit Stützrädern.

Bei den Großeltern ist gerade Kornernte. Eine Dreschmaschine steht in der Scheune.

Ganz viele Leute sind da. Sie helfen. Es ist laut und staubig. Überall im Garten liegt Stroh. Ich fahre mit dem Fahrrad an den Bäumen vorbei, als es plötzlich stehen bleibt.

Die Kette ist aufgegangen.

Wir suchen sehr lange nach dem Verbindungsglied. Endlich, da ist es. Ich habe es gefunden und mein Vater setzt die Kette wieder zusammen.

Ich fühle mich schuldig ...

Ich darf dort nicht mehr fahren.

*

Es ist wieder Heuernte, und ein Nachbar kommt mit Pferden und einem Leiterwagen.

Ich darf mitfahren. Es ist so wackelig und staubig. Später darf ich das Heu treten.

Die Pferde werden ausgespannt und stehen am Brunnen. Ruhen sich aus und kauen an ihrem Heu.

Sie riechen nach Schweiß. Es sind Kaltblüter. Der braune Hengst gefällt mir besonders gut.

Ich gehe näher ran. Sein Schweif ist schwarz, auch die Mähne.

Sein Glied hängt bis zum Boden. Schwarz.

Ich weiß nicht was es ist. Das fünfte Bein? Warum hängt es so schlapp herunter?

Ich habe so etwas noch nie gesehen ... auch nie einen nackten Menschen.

Es ist mir unheimlich und ich habe das Gefühl etwas Unrechtes zu tun, wenn ich länger hinschaue.

Ich werde immer ermahnt, wenn meine Eltern baden und wenn ich vorbei gehen muss, nicht hinzuschauen. Nach dem Baden werde ich immer ins Bett gebracht.

Du sollst dich ja nicht erkälten – sagen sie.

Um das Bett wird dann ein bodenlanger Vorhang gezogen und der Fernseher wird angemacht.

Ich darf meistens eine Sendung anschauen, die eigentlich nicht für kleine Kinder gedacht ist.

Das große Baden findet immer am Samstag in der Wohnküche statt.

Es gibt noch kein separates Bad.

Nur einmal sehe ich die Brüste meiner Großmutter. Sie zieht sich um. Eine alte Frau.

7

Mein Onkel, Vaters jüngster Bruder, ist gerade zehn Jahre älter als ich. Die Eltern arbeiten, und ich bin oft alleine in unserer Wohnung. Zwischen 10 und 15 Uhr muss ich alleine klar kommen.

Meine Oma schaut nach mir, oder ich bin auf ihrer Seite des Hauses. Ich mag den Geruch in ihrer Wohnung. Eine Mischung aus Kaminfeuer, Essen, Holz …

Ich spiele dort, manchmal lasse ich mir etwas von der Oma vorlesen. Einmal gebe ich ihr ein Büchlein, in dem es um Geschwister bekommen geht. Die Frau auf dem Bild ist schwanger und trägt etwas weiter geschnittenes Kleid. Oma fängt das Lesen an. Plötzlich unterbricht sie und fragt mich, wo ich das Buch her habe. Ich sage wahrheitsgemäß – *Das hat meine Mama gekauft.*

Nimmt das mit, so was lese ich nicht – sagt sie.

Ich verstehe nicht, warum sie nicht weiterlesen will. Meine Mutter hat mir das Buch schon oft vorgelesen, und ich kenne es praktisch auswendig. Ich hole ein neues Buch.

Einmal klettere ich über die Kopfteile ihrer Betten. Ich möchte nach etwas greifen, das auf dem Schrank liegt. Ich weiß es nicht mehr, was es war. Plötzlich rutsche ich ab und falle mit gespreizten Beinen auf das Kopfteil des Bettes. Ich weine sehr, da ich auf das Schambein gefallen bin und es tut sehr weh. Ich darf mich nicht anfassen, sie nehmen mir die Hand weg. Ich kann aber nicht anders. Die Schmerzen lassen sich so leichter ertragen.

Die Großeltern streiten oft. Mein Onkel ist aber da und er kommt auf unsere Seite des Hauses. Ich freue mich jedes Mal sehr, wenn ich ihn sehe. Er mag mich auch. Er ist mein älterer „Ersatzbruder".

Ich habe keine Geschwister.

Wenn ich krank bin und alleine im Bett liege, kommt er auch. Er hat Hunger und geht zum Herd.

Dort steht das fertige Mittagessen. Meine Mutter hat vorgekocht, bevor sie zu Arbeit ging.

Er nimmt sich einen Löffel und isst direkt aus den Töpfen. Fragt aber immer, ob er es darf. Es schmeckt ihm offensichtlich. Er nimmt sich immer wieder etwas. Ich freue mich.

Ich sage immer wieder zu meinen Eltern, sie sollen mir einen älteren Bruder holen oder kaufen. Aber kein Baby. <u>Ich</u> will die Kleine sein. Der große Bruder wird mich beschützen, trösten und liebhaben. Denke ich ...

*

Meine Oma meint eines Tages – *Beim Nachbarn blühen die Heckenrosen.*

Daraus macht man eine sehr gute Konfitüre für die Berliner. Ich soll dorthin gehen, die Blütenblätter sammeln, und sie zeigt mir, wie man daraus die Konfitüren rührt.

Am Abend werde ich von meinem Vater bestraft. Ich weiß nicht mehr für was. Vielleicht will er mir nur zeigen, wie man ungehorsame Kinder behandelt.

Ich knie auf dem Boden, auf einem Haufen trockener Bohnen. In meinen nach oben ausgestreckten Armen halte ich je einen Teller, auch mit Bohnen drauf. Ich finde es nicht schlimm. Auf jeden Fall besser als geschlagen werden.

Mein Vater ist ruhig, meint nur, dass ich so bestraft werde, wenn ich es verdiene.

Ich knie weiter und versuche die Hände hoch zu halten, die langsam anfangen weh zu tun.

Meine Mutter ist gerade noch nicht da.

Die Tür geht auf und meine Oma schaut kurz rein. Sie schiebt die Schüssel mit den Rosenblättern rein. Sieht mich knien, senkt den Kopf und macht die Tür wieder zu. Wir sind wieder alleine. Plötzlich höre ich meine Mutter. Sie ist entsetzt über die Blütenblätter in der Schüssel.

Sie meint, ich hätte sie geklaut …

Ich komme gar nicht zu Wort und darf nicht erklären, wie es dazu kam.

Ich fühle mich schlecht. Sie verurteilen mich.

Wo ist meine Großmutter?

Warum nimmt sie mich nicht in Schutz?

Die Bohnen drücken. Rücken, Arme, Schultern und Hände tun jetzt wirklich weh. Ich kann nicht mehr. Muss aber. Jetzt habe ich es verdient.

Ich weine, und mein Vater nimmt einen Stock und klopft immer wieder auf meine Hände und Arme. *Hoch halten, nach oben* – sagt er.

*

Die Stimmung zwischen meinen Eltern und Großeltern ist immer wieder angespannt.

Der mittlere Bruder meines Vaters will heiraten, und mein Vater soll sich doch mit dem Hausbau beeilen und möglichst bald ausziehen. Das Haus besteht gerade aus dem Keller.

Meine Mutter ist von Anfang an gegen das Haus. Sie sagt zu meinem Vater – *Wenn du bauen willst, dann baue es, rechne aber nicht mit meiner Hilfe.* Sie will am liebsten in der Stadt wohnen. Alle aus der Familie versprechen jetzt Hilfe, doch als mein Vater ankündigt, dass er erst dann auszieht, wenn der letzte Ziegel auf dem Dach liegt, sind alle plötzlich mit anderen Dingen beschäftigt. Es gibt immer wieder Streit.

Eines Tages beschuldigt meine Oma meinen Vater, einen schlechten Einfluss auf den jüngsten Bruder zu haben. Mein Vater ist sauer und fühlt sich ungerecht behandelt.

Er hatte sich um ihn gekümmert und verschaffte ihm sogar einen Ausbildungsplatz.

Oma möchte aber, dass zumindest der Jüngste ein Pfarrer wird. Doch dafür sind seine Schulleistungen zu schlecht.

Ein Wort gibt das andere, und mein Vater gerät in Rage. Völlig unkontrolliert reißt er das Holzbeil an sich, wirft sich mit der Schulter gegen die Tür, die meine Mutter versucht, mit einem Haken zu schließen und schreit dauernd – *Ich bringe sie um, ich bringe sie um!!! Bei Gott, ich bringe sie um!!!*

Er will meine Mutter wegschieben. Sie weint nur, ist völlig hysterisch.

Ich verstehe nichts, außer dass alle sich anschreien und ich Angst habe vor meinem Vater und Angst um die Großmutter. Ich schreie – *Aufhören, Aufhören, Aufhören!!!!* Sie reden wochenlang nicht miteinander. Auch meine Eltern nicht.

Ich bin die Vermittlerin. Ich bringe Dinge von einem zu anderem. Auch Botschaften. Ich bin fünf Jahre alt. Ich bin innerlich zerrissen. Wo gehöre ich hin? Ich will, dass es aufhört …

8

Ich bin draußen. Habe meinen blau-rot gestreiften Pulli an. Die Sonne scheint, es ist aber noch nicht sehr warm. Ist es Frühling … ? Im Frühling gibt es Küken auf dem Dachboden …

Mein Onkel ist da und fragt, ob wir zusammen zu den Küken gehen wollen. Ich fasse ihn an der Hand, und er hilft mir, rauf zu kommen. Über die Leiter, das quer liegende Brett, dann noch eine Stufe.

Wir sind da.

Ich laufe umher, sehe aber keine Küken. Vielleicht sind sie weggesperrt und sitzen zusammen mit der Glucke in einer Holzkiste …

Er sucht Kleidungstücke zusammen, darunter eine dick gesteppte Jacke. Die lag wohl auf dem Dachboden und diente als wärmendes Polster für die Kükenkiste. Er legt sie auf den Boden. Ich sehe seine Hände auf meinen Armen. Er passt gut darauf auf, dass ich mir nicht wehtue, oder den Kopf anschlage.

Er nimmt mich auf die Hände, wie ein Kleinkind. Er trägt mich, bis ich sicher auf der Jacke liege.

Ist sehr liebevoll und besorgt, ob ich auch bequem liege.

Ich sehe, wie er meine Strumpfhose herunterzieht und meinen Pullover hochschiebt.

Warum macht er das? Wird das ein neues Spiel? Soll ich hier Mittagsschlaf machen?

Er liegt auf mir drauf, hält aber noch sein Gewicht zurück. Er atmet schneller und seine Hand greift zwischen uns. Er löst seinen Gürtel und macht seine Hose auf und ich spüre seinen Atem in meinem Gesicht. Seine Lippen sind heiß, feucht und er drückt sie immer wieder auf meine.

Er versucht seine Zunge in meinen Mund zu stecken. Ich will das nicht und drehe meinen Kopf zur Seite.

Es fühlt sich so fremd an. Ich will aufstehen, doch er ist zu schwer. Ich fange zu wimmern an, weine.

Er sagt – *Nicht weinen, es dauert nicht mehr lange. Nur noch ein bisschen ...*

Er rutscht immer höher an mir hoch. Ich spüre etwas Hartes, Heißes zwischen uns.

Sein Oberkörper hebt sich kurz an und ich schaue kurz an mir runter. Da ist was Helles. Was ist das?

Er bewegt sich immer schneller und stöhnt immer lauter. Ich fühle mich schlecht.

Nicht mehr lange, psst ...

Irgendetwas drückt auf meinen Bauch, Brustbein, zwischen meine Brüste.

Ich fühle etwas in meinem Gesicht. Es ist weiß, cremig. Es riecht komisch.

Ich kenne diesen Geruch nicht. Mein Pulli ist nass. Er rollt sich zur Seite und wischt es schnell weg. Auf meinem Pulli bleiben Flecken. Ich weine. Verstehe nicht was das jetzt war.

Er tröstet mich und zupft an meiner Kleidung.

Psst ... alles gut, nicht weinen – sagt er.

Er räumt die Jacke wieder weg. Wir gehen die Leiter herunter. Noch oben sagt er, ich soll den Eltern und auch sonst niemandem etwas erzählen, denn sie werden sehr böse auf uns sein.

Das will ich nicht. Ich will meinen großen Bruder haben. Mein Trost. Mein Schutz.

Auf dem Dachboden gibt es keine Küken!

Ich sage nichts. Niemanden. Nicht jetzt und auch nicht die nächsten Male.

Er ist immer so nett. Ich bekomme von ihm auch schon davor immer wieder etwas geschenkt. Bücher, Spiele.

Er mag mich, denke ich. Damals will ich auch noch einen älteren Bruder haben.

Ich liege immer wieder auf dem Boden. Nur dort oben.

Den Ablauf kenne ich inzwischen ...

Ich werde acht, und wir ziehen in unser neues Haus um. Ich bekomme sogar mein eigenes Zimmer. Die Erinnerung verblasst ...

Erst mit 21 Jahren erinnere ich mich wieder.

Mein Freund ist erschüttert und drängt darauf, dass ich es möglichst bald meinen Eltern erzählen soll.

Ich bin mir nicht sicher, ob das eine gute Idee ist. Ich sage zu ihm – *Es war doch gar nicht so schlimm, er hat mich nicht vergewaltigt und war immer so nett ...* Er schaut mich entsetzt an. *Das war mehr als schlimm, nur du hast dir das so zurechtgelegt, sonst hättest du das nicht ausgehalten* – sagt er.

Meine Eltern reagieren lediglich überrascht und verlegen, als sie es hören.

Das hast Du Dir sicher nur so ausgedacht.

Du liest zu viele Bücher.

Wir kennen dich zu gut und wissen, zu was du fähig bist.

Alles erfunden.

Und ... *wenn wir das damals gewusst hätten, wäre der Papa zur Großmutter gegangen und es hätte was gegeben ...*

Außerdem – *wenn die Hündin es nicht will, wird der Hund sie auch nicht nehmen. Was bist du doch für eine undankbare Tochter? Ein Nestbeschmutzer …*

Sie haben sichtlich Angst, dass ich es weitererzählen werde, womöglich zu meinem Onkel ginge?! Das ganze Thema ist ihnen sichtlich peinlich.

So etwas gibt es schon mal, aber doch nicht in unserer Familie.

Ich gebe auf. Sie glauben mir nicht.

Es folgen zwei Jahre tiefer Traurigkeit …

Ich erinnere mich wieder an alles. Der Rücken schmerzt immer mehr …

Ich war vier oder fünf Jahre alt, als es passierte! Ein Kind! Wie hätte ich mich wehren sollen??

Ich will nicht angefasst werden. Von niemandem aus meiner Familie! Nicht von meinem Vater, den Onkel, von keinem der Männer!!

Ich lasse mich aber sehr wohl in den Arm nehmen, wenn ich Vertrauen habe. Heute.

Und nur von sehr wenigen.

Auch von Frauen möchte ich nicht angefasst werden, und jegliche körperliche Nähe zu fremden Menschen ist mir unangenehm.

Überfallartiges „Küsschen geben", wie das bei manchen in der Familie üblich ist, mit der Begründung – *Küssen darf man doch, ist doch schön*, löst bei mir Übelkeit aus.

Grenzen?
Für mich werden sie jedes Mal überschritten.

*

Ich liege krank in meinem Bett, als der Onkel zu Besuch kommt. Er ist beim Militär.

Er schaut so hübsch aus in seinem Ausgehanzug ... Er ist so lieb zu mir. Er ermuntert mich, mehr zu essen, wenn ich gesund werden möchte.

Seine Augen huschen von mir in alle Ecken des Zimmers. Wie wenn er sich fragen würde – *Kann sie sich noch erinnern ... ?*
Er schaut mich bis heute so an, wenn wir uns begegnen.

Seine Tochter ist ein Frühchen. Schon im sechsten Monat der Schwangerschaft geboren.

Es ist ein Wunder, dass sie überlebt. Sie hat schon einige Geschwister auf dem Friedhof liegen. Alles Frühchen, die es nicht geschafft haben.

Ich werde ihre Patin. Mein zukünftiger Mann ist ein Deutscher. Die Eltern sehen ihre Wahl wie einen Gewinn im Lotto ...

Am Anfang besuche ich sie sehr oft.

Eines Tages sehe ich einen breiten Ledergürtel an der Wohnzimmerschranktür hängen.

Mein Magen krampft sich zusammen. Die Kleine ist gerade ein Jahr alt, und ich sehe ihren Vater, wie er ihr mit dem Gürtel droht. *Sie soll ihr Getränk holen gehen. Sie soll lernen, gehorsam zu sein,* sagt er. Keiner sagt etwas. So erzieht man Kinder ...

Ein erwachsener Mann droht einem wehrlosen, einjährigen Kind mit dem Ledergürtel.

Sie bleibt ein Einzelkind.

Ich sehe sie immer seltener. Ziehe von zu Hause weg. Jedes Mal, wenn ich da bin, wirkt sie sehr unsicher ... irgendwie verstört. Sie erzählt nie etwas.

Einmal, als ich anrufe, um unseren Besuch anzukündigen, höre ich im Hintergrund ihre Mutter ausrufen: *Die ist ja zu dumm, um das Telefon abzunehmen.*

9

Mein Großvater kommt zu Besuch. Der Vater meiner Mutter. Ich bin noch klein. Vielleicht zwei?

Er bringt mir wunderschöne, weiße Halbschühchen mit. Die hat er extra für mich bei einem Schuhmacher anfertigen lassen.

Sie sind mir noch viel zu groß, aber ich rieche immer an dem Leder. Ich hole sie immer wieder aus dem Kleiderschrank raus. Dort warten sie, bis ich reingewachsen bin.

Meine Mutter findet sie auch schön, ist aber unzufrieden, da sie noch nicht passen.

Opa hat halt keine Ahnung, was man den Kindern mitbringt ...

Er hat auch noch ein wunderschönes Frotteekleid dabei. Auch für mich. Mit Blümchenmuster.

Blau, rot, gelb und orange. Es geht mir bis zum Boden. Opa ist sehr zufrieden mit sich.

Auch dieses Geschenk findet meine Mutter unpassend. Ich ziehe es aber immer wieder an und finde es wunderschön. Opa ist lieb.

Ansonsten, der sehr große, raue Mann, wird sehr weich, wenn ich zu ihm gehe. Er macht Späße und sagt, dass ich seine Schuhe putzen soll. Er sagt das immer wieder. Und lächelt dabei.

Wenn ich zu Besuch komme, stellt er eine Reihe Schuhe auf und fordert mich auf, sie zu putzen, bis wir wieder gehen. Er lacht und schaut mich dabei an.

Meine Mutter und die Großmutter verdrehen die Augen und schütteln hinter seinem Rücken missbilligend den Kopf.

Großvater ist bei sich zu Hause immer sehr grobschlächtig und unnahbar.

Ich bekomme von ihm immer Lutschbonbons. Ich liebe dieses Ritual. Die Dose verschwindet fast in seinen großen Händen.

Opa schreinert. Er macht ein weißes Stühlchen für mich. Darauf darf ich sitzen bei der Oma.

Er zimmert alle Küchenmöbel meiner Oma und die Aussteuermöbel meiner Mutter.

Er ist sehr begabt und geschickt. Später bekomme ich sogar eine Tafel für mein Zimmer.

Ich möchte immer wieder in seine Werkstatt gehen, doch das will meine Großmutter nicht.

Sie hat Angst, dass ich etwas verlegen könnte und der Opa dann böse wird.

Es riecht so schön nach Holz. Und es liegen dort einige Bücher mit Aufzeichnungen. Alle auf Deutsch! Ich bin beeindruckt. Woher kann Opa Deutsch?

Oma sagt *Das sind Schwaben-Bücher*. „Schwab" ist in Polen ein Schimpfwort für die Deutschen.

Direkt mit einem SS-Mann vergleichbar.

Er ist wohl das uneheliche Kind eines Deutschen gewesen. Weil er ja so aufbrausend und gewalttätig ist. Sagt Oma. *Sie hat sich seiner erbarmt.*

Ihre Brüder haben sie gewarnt.

Er hat deutsche Gene. Sagt sie. *Ein Schwab, ein Teufel.*

Ich bin immer in den Ferien bei den Großeltern. Meistens im Sommer. Häufig für zwei Wochen.

Mir ist dort oft langweilig. Ich sehne mich nach anderen Kindern.

Manchmal finden sich Spielgefährten, ich darf aber nie lange mit ihnen spielen.

Meine Oma hat Angst, dass was passieren könnte, und sie hat ja schließlich die Verantwortung.

Ich wache jeden Tag durch das Geschepper der Melkeimer und Milchkannen auf. Opa wirft sie in der Gegend herum, flucht und beleidigt die Großmutter. Ich höre immer wieder das Wort *Kruzifix*. Sie weint, sagt etwas von Gottes Strafe und dem Teufel, der kommen wird und ihn holen wird, weil er das Wort Gottes missbraucht.

Ich schlafe wieder ein. Wenn es hell wird, werde ich von der Oma geweckt und darf frühstücken.

Opa ist oft dabei. Er frühstückt immer sehr ausgiebig. Eier, Speck, Kaffee.

Es muss alles akkurat sein.

Ich habe Angst vor ihm. Andererseits ist er zu der Katze, die nur drei Pfoten hat, und den Vögeln, die er draußen füttert und denen er auch immer eine Speckschwarte aufhängt, so liebenswürdig …

Er sitzt immer alleine am Tisch. Oma ist am Herd am anderen Ende der Küche. Einmal wirft er mit Schwung ein großes Messer nach hinten. Es hätte sie treffen können. Oma schimpft, und es gibt wieder Streit. Ich mittendrin. Tagtäglich.

Meine Mutter kennt ihre Eltern. Sie weiß um ihren Umgang untereinander.

Trotzdem schickt sie mich zu ihnen, jedes Jahr.

Opa ist dann weniger grob, wenn ich da bin. Sagen sie.

Er versucht sich zusammenzureißen, heißt es …

Früher war es meine Mutter, die mit der Großmutter bleiben musste. Sie durfte kein Abitur machen. Sonst wäre Oma alleine mit dem Opa gewesen, und sie hätte das nicht ausgehalten, erzählt sie immer wieder.

Eines Tages, ich bin wieder zu Besuch da, werde ich von der Oma in den Stall geschickt.

Der Opa schlägt wieder mal die Kuh. Ich soll zu ihm gehen und ihm was sagen. Ihn zur Vernunft bringen. *Auf dich wird er hören*. Sagt sie. Ich bin fünf bis sechs Jahre alt.

Ich gehe hin und bleibe in der Tür stehen. Opa schlägt das Tier mit einem dicken Holzstamm.

Die Schläge fallen auf den hinteren Teil der Kuh. Auf das Rückgrat, das Becken. Sie hat sich wieder beschmutzt, und beim Opa muss alles penibel sauber sein.

Es dauert etwas, bis der Opa mich bemerkt. Er ist verlegen und weiß nicht was er sagen soll. Die arme Kuh tut mir leid, aber ich kenne es nur so … Tiere werden geschlagen … meistens von den Männern. Kinder schauen zu. Das ist normal.

Später machen wir einen Ausflug zu einem Acker. Ich werde vom Großvater auf die Querstange seines Fahrrads gesetzt. Es gibt noch keine Kindersitze.

Opa schiebt das Fahrrad an und lässt es los. Oma schreit und ich habe Glück. Es passiert mir nichts.

Das Fahrrad bleibt genau an einer Brücke stehen. Direkt über dem Fluss.

Das Wasser ist trüb und dunkel. Tief. Ich kann nicht schwimmen und habe Angst. Opa lacht. *Ist doch nichts passiert …*

Zwanzig Jahre später liegt er im Sterben. Er will mich sehen. Nur mich. Meine Tante ist verärgert, weil sie hinterhertelefonieren muss, außerdem braucht sie Geld für die Beerdigung.

Mein Opa hat alles Geld meiner Mutter vermacht, und die Tante kommt nicht an das Erbe ran.

Sie ist sauer. Fühlt sich hintergangen.

Ich bin gerade bei meinen Eltern zu Besuch. Der Opa lebt noch … er will mich sehen. Er nennt mich bei meinem Kosenamen.

Ich sitze bei ihm und halte seine große Hand. Kraftvoll und rau wie immer.

Er kann nicht mehr sprechen. Wir schauen uns an. Ich berühre und streichle sein Gesicht.

Zum ersten Mal in meinem Leben fasse ich freiwillig jemanden aus meiner Familie so an …

Ein paar Tage später ist er tot.

Meine Tante und meine Mutter werden, um alle Beerdigungsformalitäten zu erledigen, von meinem deutschen Freund mit dem Auto gefahren. Ich bin dabei. Auch meIne Großmutter.

Er bietet es als Selbstverständlichkeit an – *wie wenn er kein Deutscher wäre* – kommentiert meine Tante, die noch nie in ihrem Leben einen Deutschen gesehen und erlebt hat.

Die Großmutter ist verstimmt. Sie soll sich im Auto anschnallen. Auch in Polen ist es inzwischen Pflicht. Sie empfindet es als Schikane, um was sie der Deutsche bittet. Er ist ihr gegenüber stets sehr freundlich und zuvorkommend.

10

Ich bekomme ein neues Fahrrad. Ein Klapprad. Nicht neu, aber wie neu. Blau-weiß.

Ich fahre damit zur Schule, erledige für meine Eltern Einkäufe.

Zu fahren, um Freunde zu besuchen ist nicht erwünscht. Auch Besuch zu bekommen.

Ich genieße jetzt die Freiheit und Unabhängigkeit. Ich fahre heimlich andere Strecken und besuche hie und da meine Schulfreunde.

Eines Tages fahre ich den Hügel bei meinen Großeltern rauf.

Es macht mir Spaß, den Lenker hochzureißen, um auf dem Hinterrad zu balancieren.

Ich treibe es wohl zu heftig und lande auf dem Rücken. Das Fahrrad in den Händen haltend.

Ich finde es irgendwie lustig, stehe aber schnell auf; es soll ja keiner was mitbekommen. Ich will zu Hause keinen Ärger bekommen und wieder ausgeschimpft werden.

Wir machen nur sehr selten Fahrradausflüge. Wenn, dann nur in der Gegend.

Ich muss immer sehr darauf drängeln. Die Eltern machen nur widerwillig mit.

Ich habe das Gefühl, dass Bewegung nicht gut ist, wenn es nicht mit Arbeiten erledigen verbunden ist.

Wir fahren meistens nur zu zweit.

Ich will schnell fahren, die Luft um mich spüren. Alleine.

Sie wollen, dass ich immer wieder anhalte und auf sie warte. Sie kommen nicht hinterher.

In der siebten Klasse bekomme ich wieder ein neues Fahrrad. Das blaue ist zu klein geworden.

Das neue ist gelb. Ein echtes Damenfahrrad. Für meinen Vater gibt es ein Herrenfahrrad in grün. Meine Mutter bekommt keines, vielleicht gab es nicht mehr als zwei zu kaufen.

1980 gibt es nicht viel, was so zu kaufen wäre, außer Brot und Milch. Nur selten Zucker oder Butter, vielleicht Mehl.

Die Fahrräder werden mit dem Auto nach Hause gebracht. Mein Vater ist mit dem Kauf sehr zufrieden.

Ich soll das Fahrrad schön pflegen und darauf Acht geben. Er sagt – *Das ist eh wahrscheinlich das letzte Fahrrad, das du je haben wirst. Ein anderes wirst du dir nicht leisten können.*

Warum sagt er so was? Er wirkt verbittert. Um seinen Mund legt sich ein Schatten.

Er ist 42 Jahre alt. Warum ist er so traurig?

Ich putze das Fahrrad. Es glänzt in der Sonne.

Ich fahre damit zur Schule.

Am ersten Tag werden die Ventilverschlüsse geklaut und die Luft rausgelassen.

*

Mein Vater sitzt am Tisch in der Küche. Er ist verärgert. Darüber was ich sage?

Weiß ich nicht mehr. Wir sind alleine. Meine Mutter ist noch nicht da.

Ich stehe am Küchenschrank. Plötzlich steht er auf, und geht sehr schnell zur Garderobe.

Sein Mund ist zu einem dünnen Strich zusammengezogen, fast weiß. Er schwitzt an der Oberlippe. Er greift schnell nach seinem braunen Ledergürtel mit der Messingschnalle. Er faltet ihn doppelt und sagt leise, ich soll zu ihm kommen ...

Ich weiß, was das zu bedeuten hat. Wie kann ich ihn nur besänftigen?

Er schlägt immer schneller, immer kräftiger, unkontrollierter. Seine Augen schauen abnormal, wild.

Die Schläge brennen wie Feuer auf meiner Haut, und ich bekomme keine Luft mehr vor Schmerzen. Ich gleite zu Boden, umarme seine Beine, Knie, küsse seine Füße. Weine und schreie – *Papi, Papilein, mein liebster Papilein* ... Er schlägt noch wilder.

Ich kann nicht mehr, er bringt mich um, denke ich.

Er hält mich an meinem langen Zopf fest. Er hat ihn um seine Hand gewickelt.

So kann er die Schläge genauer und kraftvoller verteilen. Es gibt kein Entkommen. Keine Hilfe.

Mein Ohr blutet. Der Ohrring blieb in dem Trubel am Pulli hängen.

Mein Gesicht ist angeschwollen und pulsiert. Ich schmecke Blut. Ich liege auf dem Boden.

Es hört endlich auf.

Er hängt den Gürtel wieder auf und sagt – *Das bekommst du immer, wenn du es verdient hast.*

Sogar mit 30. Auch im Beisein deines Mannes.

Er geht raus. Schaut mich nicht an. Ich bleibe am Boden liegen.

Ich bin nicht richtig.

Irgendetwas an mir ist falsch, deswegen macht er das immer wieder.

Ich muss ganz lieb sein ...

Er sagt, *ich bin daran schuld, dass es immer wieder passiert. Ich führe ihn in Versuchung.*

Ich bringe ihn aus dem Gleichgewicht.

Ich bin ein *Teufel*, manchmal ein *Affe*, manchmal eine *Hündin*, später kommt noch eine *Hure* dazu.

Er will mich ja nicht verderben mit den schlimmen Ausdrücken. Ich bin ja noch ein Kind.

Auch meine Mutter sagt, er soll sich doch mit dem Fluchen beherrschen. Dazu noch all die polnischen Beschimpfungen, die nicht übersetzbar sind.

Ich bin dann auch ganz lieb. Vielleicht für zwei Tage ...

Er lobt mich. *Schau, jetzt bist du so brav. Es hat doch was gebracht. Das Prügeln bringt immer was, besonders bei solchen Kindern wie dir.*

Ich denke – *vielleicht*, aber in meinem Herzen bin ich davon nicht überzeugt.

Er mag mich jetzt, aber tut Liebe immer so weh ... ?

Ich will weg von dort.

Mit zwölf lasse ich mir die Haare schneiden. Jungenschnitt. Die schönen Haare werden zu einem Zopf geflochten und im Schrank aufbewahrt. Ich hole sie immer wieder raus und fasse sie an. Sie sind so schön, weich, und doch kraftvoll. Heller als meine jetzigen Haare. Als Kleinkind war ich blond.

Ich soll nicht dauernd vor dem Spiegel stehen, sagt er. *Und mit den kurzen Haaren kommt er schon klar, da brauche ich mir keine Sorgen machen. Das werde ich schon beim nächsten Mal merken.*

Er grinst und schaut mich an.

Als er mich das letzte Mal schlägt, bin ich 21 Jahre alt.

Ich verachte ihn. Mein zukünftiger Mann steht daneben.

Mein Leben lang bin ich auf der Suche nach Männern, die anders sind.

Liebevoll, warmherzig, weich, geduldig. Voller Akzeptanz und Zuneigung.

Ich finde sie tatsächlich immer wieder, aber beim leisesten Anschein, jeder Spur von Aggression oder Übergriffigkeit beende ich alle Beziehungen und Freundschaften.

Ich will es nicht noch einmal erleben müssen.

Nie wieder.

Mein Vater entschuldigt sich nie. Als ich ihn darauf anspreche, ist er etwas verwundert.

Es war doch alles gut für mich. Sonst wäre ich nicht so toll geraten. Und das war schließlich sein Verdienst.

Er hat mich zurechtgestutzt, und ich habe es immer verdient.

11

Ich bin zu Besuch bei meiner Cousine. Sie ist nur zwei Monate älter als ich, wirkt aber schon viel reifer. Sie behandelt mich wie ein Dienstmädchen aus dem Dorf.

Dabei wohne ich in der Großstadt.

Ich muss dauernd für sie etwas machen und ihr Sachen bringen.

Sie möchte Nachrichtensprecherin werden und bekommt auch schon Deutschunterricht. Privat. Ihr Vater verwöhnt sie sehr. Er nennt sie Heidelbeere.

Ich darf mit ihr ins Schwimmbad gehen, obwohl ich nicht schwimmen kann.

Sie lässt mich alleine zurück und hängt mit ihrer Clique ab. Ich gehe alleine ins Wasser und versuche, schwimmen zu lernen. Plötzlich sind Jungs da und drücken mich unter Wasser.

Ich kann wirklich nicht schwimmen!! Ich schreie sie an.

Meine Cousine ist sauer. *Was bin ich für ein Dorftrampel. Und wo sind meine Schwimmhilfen?!* Mein Geldbeutel wurde auch geklaut.

Wir müssen immer wieder für Lebensmittel anstehen. Mal gibt es Lebkuchen, mal Strumpfhosen oder Zucker. Dieses Mal ist es Bruchschokolade. Wir stehen über einem Kellerschacht, als sich plötzlich mein Ohrring löst und zwischen den Gitterstäben verschwindet. Ich bin wie erstarrt. Traue mich nicht zu sagen, was passiert ist.

Mein Vater schlägt mich dieses Mal nicht. Er behandelt mich wie einen Schwerverbrecher.

Ich soll ihm aus den Augen gehen. Ich bin für ihn Niemand.

Zwei bis drei Gramm Gold haben mehr Bedeutung.

Ich bin nicht richtig, unpassend. Kann nichts. Alle anderen sind besser. Ich nicht …

Meine Cousine nimmt sich mit 32 Jahren das Leben. Nach nicht bestandenem Abitur schafft sie es nicht mehr ins Leben zurück. Unter Einfluss von Drogen und Medikamenten fällt sie vom Balkon und ist auf der Stelle tot.

Sie wusste, dass ich mit einem deutschen Mann sehr glücklich bin und wollte ihr Glück auch in Deutschland finden.

Ihr Mann hat sie geschlagen. Sie erlitt mehrere Fehlgeburten. Und teilte damit das gleiche Schicksal ihrer Mutter, vermutete man.

Sie war das lang ersehnte Kind ihrer Eltern, nach etlichen Fehlgeburten.

Bei der Obduktion wurde festgestellt – sie war wieder schwanger.

Ich bin gerade selber Mutter geworden. Es trifft mich wie ein Schlag.

*

Ich bewundere den Bruder meiner Mutter. Er weiß so viel und erzählt es mir auch gerne. Er merkt, wie wissensdurstig ich bin und dass es in meinem Zuhause wenig Anregung gibt.

Ich mag ihn sehr.

Er sagt immer wieder zu seiner Tochter – *Das hast du mich noch nie gefragt.*

Das macht natürlich die Stimmung zwischen mir und meiner Cousine nicht besser.

Er zeigt mir die historischen Häuser der Stadt und erklärt mir ihre Bauweise. Ich staune. Er weiß so viel ... Ich will das auch können!!

Mein Vater kann ihn nicht leiden. Er nennt ihn *Der Herr Ingenieur* oder *Herr Brüderlein.*

<u>Er</u> geht mit mir ins Museum. Nicht mein Vater. Wenn die Familie zum langersehnten Besuch kommt, da weiß ich, ich bin jemandem wichtig.

Wir machen, zum Ärgernis meiner Eltern, Ausflüge in die Großstadt und in die Umgebung.

Ich bekomme schöne Geschenke, Puppen und immer wieder Bücher. Meine Eltern rümpfen die Nase, und ich bin glücklich. Ich mag ihn.

Ich mag sein dunkelgrünes Auto. Ich mag es riechen. Ich mag seine Hände, seinen wachen Blick und seine dominante Art, wie er meinem Vater gegenüber auftritt. So möchte ich auch werden.

Er geht nicht in die Kirche und äußert sich sehr abfällig über die Priester.

Er imponiert mir sehr, doch die ganze Familie verachtet ihn dafür, und meine Oma bezahlt viele Messen, um ihn wieder zur Vernunft zu bringen und ihn zu bekehren.

Erst bei der Beerdigung seiner Tochter geht er zu Beichte. Innerlich gebrochen. Meine Mutter sagt – *Dafür musste sie sterben, dass der Vater sich bekehrt. Das war sicher Gottes Strafe* ...

*

Mein zweiter Lieblingsonkel, ist zu Besuch. Cousin meines Vaters.

Er ist der Vorsitzende der Ersten Wirtschaftskammer in der Stadt. *Ein hohes Tier*, sagt mein Vater, *der hat es zu was gebracht. Um ihn hat sich jemand gekümmert,* sagt er.

Mein Onkel ist sehr an mir interessiert. Fragt mich regelrecht aus. Seine neugierigen Augen taxieren mich hinter den dicken Brillengläsern. Er will alles über mich wissen.

Er spricht sehr schnell. Ich kann ihn kaum verstehen. Er lacht, zwinkert mir zu und sagt – *Berufskrankheit.* Als Richter muss er das können. Schnell die vielen Paragraphen vorlesen.

Ich mag ihn so sehr ...

Nach seiner Beerdigung, mit gerade 61 Jahren, erfahre ich, dass er Gedichte geschrieben und Bilder gemalt hatte. Zu seiner Beerdigung, auf dem größten Friedhof der Stadt, kommen Tausende. Meine Eltern sind sprachlos, und er bekommt einen Ehrenplatz auf dem „Familienaltar", gleich neben dem Papst.

Ich finde es widerlich.

Bis jetzt war er nur der *Herr Richter, der es zu etwas gebracht hatte.* In erster Linie Geld.

Jetzt sehen sie, dass er ein großer Menschenfreund gewesen ist.

Ich liebte ihn für seine Geradlinigkeit, Aufrichtigkeit und Ehrlichkeit. Ich vermisse ihn immer noch sehr.

Er hatte einen Bruder mit Down-Syndrom. Einmal brachte er ihn mit. Der kleine Mann war sehr umtriebig und half im Garten mit. Meine Mutter fand es aber merkwürdig, wie er sich benahm.

Hinter dem Vorhang in der Küche beobachtete sie alles genau.

Was sagen wohl die Nachbarn – war ihre Sorge.

Sie fuhren dann nach Hause. Der kleine Mann wollte nicht zu uns ins Haus. *Er mag nicht in fremde Wohnungen reingehen*, sagte meine Mutter.

12

Wir haben immer einen, manchmal mehrere Hunde. Ich mag sie alle. Es sind immer Deutsche Schäferhunde. *Die sind scharf und gehorsam*, sagt mein Vater. *Wie die Deutschen.*

Ein schwarzer Rüde wird von ihm „trainiert", beziehungsweise abgerichtet.

Er ist sehr klug und lernt schnell. Auch von seiner Mutter.

Eines Abends soll er die Schafherde in den Stall bringen. Ein Tier bleibt, von uns unbemerkt, draußen. Der Hund, getreu seiner Prägung und Erziehung, treibt es nachts wieder zurück zur Herde. Das Lamm will nicht folgen, aber der Hund will seine Pflicht erfüllen. Am Ende bringt er das Tier vor die Tür. Es ist tot.

Als mein Vater früh in den Stall geht, sieht er ihn schwanzwedelnd vor der Stalltür liegen.
Der Hund hat seinen Job erledigt.

Er wird von meinem Vater fast tot geprügelt. Er bewegt sich nicht und blutet aus der Nase.

Ich beobachte alles vom Fenster im Treppenhaus aus. Ich stehe hinter dem Vorhang und habe Angst um mich und um den Hund.

Als mein Vater hochkommt, sagt er − *Ich glaube, der überlebt das nicht … dem habe ich was gegeben …*

Ich weine um den Hund, ich weine um mich, um alle …
Warum macht er das … ?

Nach vier Tagen ist der Rüde wieder auf den Beinen. Er wirkt gebrochen, ängstlich, traurig.

Er versteht die Welt nicht mehr.

Er hört immer noch auf meinen Vater, ist aber verstört …

Ich will weg von dort. Zusammen mit dem Hund.

Tage, Wochen lang grüble ich immer wieder darüber nach, wie und zu wem ich gehen könnte.

Etwa zeitgleich sind wir zu einer Hochzeit eingeladen. Ich spiele Orgel. Eine große Ehre. Ich bin gerade vierzehn.

Abends wird gefeiert, und ich fühle mich alleine. Kenne dort niemanden. Meine Eltern unterhalten sich mit einem Ehepaar. Es geht um den Hund. Es scheint so, dass der Mann an ihm Interesse hätte.

Die Musik beginnt wieder, und der Angetrunkene will mit mir tanzen. Meine Eltern finden diese Idee großartig.

Ich empfinde mich als Beiwerk in ihrem Geschäft. Als eine Art „Sonderpreis".

Zusatz zum Hauptgewinn.

Ich finde ihn einfach nur widerlich und will das nicht.

In der Schule haben wir gerade ein Präventions-programm durchgemacht zum Thema Alkohol und Drogen. Auch der Umgang mit Betrunkenen wurde angesprochen.

Der Mann ist empört und wird richtig sauer, als ich nicht nachgebe. Er will mich.

Er übergeht meine Abneigung und fasst mich schon an. Widerrede wird nicht geduldet. Sein Gesicht leuchtet rot, und der alkoholisierte Atem steigt mir schwallartig in die Nase.

Das Geschäft mit dem Hund ist geplatzt. Mein Vater ist sehr verärgert und schimpft auf dem Weg nach Hause. Ich stelle mich schlafend.

Der Hund wird trotzdem bald verkauft. *Er ist verdorben*, sagt Vater. Hat Blut geleckt.

Er hat aber sehr gute Gene, und als Zuchthund ist er immer noch sehr gut geeignet.

Die Käufer kommen mit einem Auto, und er geht brav auf die Hinterbank. Er schaut mich an, und mir rollen die Tränen herab. Ich will ihn bei mir behalten ...

Er springt mit den Vorderpfoten auf die Hutablage. Sucht meinen Blick. Das Auto rollt an. Er winselt laut.

Ich weine tagelang. Mein Trost ist weg. Es fühlt sich an, wie wenn jemand gestorben wäre ...

Ich will auch weg von hier. Jetzt bleibt mir nur seine Mutter, die inzwischen zu einer Gebärmaschine umfunktioniert wurde.

Sie ist auch sehr schön. Honigfarben. Ihre Welpen sind ein Verkaufsschlager. Das spricht sich herum.

Eines Tages wird sie vergiftet und stirbt in ihrem Zwinger. Mein Vater sagt – *Das waren sicher die Nachbarn. Sie haben es aus Neid getan.*

Jetzt gibt es bei meinen Eltern nur kleine Kläffer. Die brauchen nicht so viel Futter und machen Krach für zehn. Das ist wichtig für meinen Vater.

Katzen hasst er. *Die sind falsch. Die kann man nicht erziehen. Und sie sind nicht so leicht umzubringen …*

Er kennt eine Geschichte von einer Katze, die an der Mauer erschlagen, dann mit einem Knüppel malträtiert wird und am Ende sich immer noch aufrichtet, bevor sie qualvoll stirbt. *Katzen sind zäh.* Sagt er.

13

Mein Cousin ist zu Besuch. Er ist fünf bis sechs Jahre alt. Seine Schwester ist etwa drei.

Sie bekommen Scharlach. Es ist nicht weiter schlimm. Sie müssen einfach im Bett bleiben.

Sie sind alleine in meinem Zimmer, und aus Langeweile schmieren sie etwas Farbe auf ein Papierknäuel und malen damit die Wand über dem Bett an. Nur an einer Stelle. Ich bin mit meinem Vater draußen. Er geht doch wieder bald ins Haus, da er das Lachen der Kinder hört. Ich solle weiter Himbeeren pflücken. Kurze Zeit später dringen Schreie aus meinem Zimmer nach draußen. Durchdringend, spitz. Und ein dumpfes Geräusch.

Ich denke – *das gehört sich so. Das ist Kindererziehen.*

Mein Vater kommt wieder. Ich habe das Gefühl, dass er bei mir Bestätigung sucht.

Er sagt – *Dem habe ich aber gezeigt, wer hier der Chef im Hause ist. Was glaubt der, mit wem er zu tun hat. Hosenscheißer.*

Die Kinder weinen. Sind verängstigt.

Mein Vater meint das ernst mit dem Erziehen.

Der Kleine darf seine Hände nie unter der Decke halten oder in den Hosentaschen.

Das Herumfummeln werde ich ihm schon abgewöhnen – sagt mein Vater.

Das gleiche macht er mit meinem anderen Cousin. Dem Sohn der Schwester meiner Mutter.

Er wird von ihm gezwungen, einen süß-sauer eingelegten grünen Tomatensalat zu essen. Mein Vater will ihm das Gemüseessen beibringen. Er muss stundenlang am Tisch sitzen, bis er aufgegessen hatte. Er weint und würgt es herunter.

Dem werde ich schon die Flausen raustreiben. Verwöhnter Bengel – sagt mein Vater.

Der Junge kommt nie mehr wieder zu Besuch. Auch heute nicht. Er ist 44 Jahre alt. Mein Vater ist sein Pate.

Der kleine Cousin liebt es, wenn ich ihm vorlese. Er bekommt nie genug davon – ich bin aber meistens so müde von den mir aufgetragenen Pflichten, dass ich nur schnell fertig werden möchte.

Der Vater der Kinder, der mittlere Bruder meines Vaters, kommt zu Besuch. Er kniet sich ans Bett seiner kleinen Tochter. Das Mädchen weicht aus, versinkt fast im Bett, als ihr Vater sich über sie beugt. Er schiebt seine Hände unter die Decke. Er schaut gepflegt aus, riecht aber nach Alkohol. Sie hat sichtlich Angst und will seine Liebkosungen nicht, die eindeutig eine erotische Botschaft tragen.

Keiner will es sehen. Keiner sagt etwas ...

Später holt er seine Kinder zu sich nach Hause. Er hat versprochen, sich um sie zu kümmern und nicht mehr zu trinken.

Meine kleine Cousine ist völlig verstört. Schreit – *Nein, nein, ich will hier nicht fort* – sie rennt weg.

Sie wird geholt und ins Auto gesetzt. Sie schreit und schlägt um sich.

Die Kinder sind vorübergehend bei uns, da die Erzieherinnen im Kindergarten des Mädchens das Jugendamt einschalten wollen. Der Vater kommt oft betrunken, um das Kind abzuholen. Die Mutter ist in Amerika. Geld verdienen.

Er arbeitet nicht mehr. Ich weiß nicht, warum. Seine einzige Aufgabe ist, sich um die Kleine zu kümmern. Manchmal schafft er nicht einmal das.

Er isst nichts. Er trinkt. Wird nur dünner. Mein Großvater grollt, meine Großmutter weint und wird immer kränker.

Eines Tages kommt er wieder betrunken in den Kindergarten. Das Kind wird ihm trotzdem ausgehändigt. Er ist so betrunken, dass er in einen mannshohen, tief betonierten Straßengraben hineinfällt und nicht mehr in der Lage ist, herauszukommen. Er ertrinkt fast.

Seine kleine Tochter, vielleicht vier Jahre alt, steht am Rande, sieht was passiert, erschrickt furchtbar, weint, schreit um Hilfe. Endlich kommt jemand. Ich weiß nicht, wie die beiden nach Hause finden.

Die Kinder hätten bei uns bleiben sollen und müssen.

Meine Eltern schauen weg. Auch ich bin wirklich froh, endlich etwas Freizeit zu haben. Es sind Sommerferien.

*

Mein Cousin muss mit drei Jahren in eine Sprachheilanstalt. Er spricht nicht ...

Die Einrichtung wird von Nonnen geführt und genießt einen ausgezeichneten Ruf.

Kurze Zeit nachdem er dort untergebracht wird, fängt er zu sprechen an. In schönen, vollständigen Sätzen. Kein Stottern mehr, kein Zucken. Er ist viel ruhiger geworden.

Diese Sprachschwierigkeiten werden größer, wenn er wieder zu Hause ist.

Er hat vielleicht Sehnsucht nach seiner Mama. Auch die Nonnen, die so liebevoll zu ihm sind, können die Mutter nicht ersetzen.

Das ist auch die Zeit, in der ich mich mit dem Gedanken trage, in ein Kloster zu gehen.

Genau in dieses. Ich nehme Kontakt mit der Mutter Oberin auf.

Ich könne bald kommen, schreibt sie, *solle aber zuerst das Abitur machen.*

Es ist ein Trost, eine Aussicht zu haben, von zu Hause weggehen zu können.

Als ich es meinen Eltern erzähle, sind sie nicht wirklich begeistert. *Sie wollten mir ja nicht abraten, aber wie stelle ich mir das denn vor? Ich sollte doch für Nachkommen in der Familie sorgen. Ich habe doch keine Geschwister. Und sie würden dann alleine bleiben. Und das Haus wurde ja auch für mich gebaut. Ich solle doch nicht so undankbar sein und darüber nachdenken, was ich ihnen damit antun würde. Sie haben alles für mich getan ...*

Der Kleine geht wieder zurück in die Einrichtung.

Seine Schwester bleibt mit der Großmutter zu Hause. Ihre Mutter bittet uns, die Kinder bei uns aufzunehmen, bis sie sie zu sich holen kann.

Sie will uns jeden Monat 100 Dollar schicken. Damals viel Geld in Polen.

Mein Vater möchte es eigentlich haben, aber meine Mutter ist kategorisch dagegen. Sie will keine Kinder mehr haben.

Unter ihrem Diktat schreibe ich einen Brief, in dem ich die Tante auffordere, wieder nach Polen zu kommen.

Meine Mutter sagt – *Sie war doch selber ein Waisenkind, da kann sie doch nachvollziehen, wenn Kinder ohne Mutter aufwachsen müssen.*

Ich soll das schreiben und sie so zur Vernunft bringen!

Ich bin 16 und mit der Aufgabe völlig überfordert. Ich muss jeden Tag kochen, putzen, aufräumen, Kinder beschäftigen, bügeln.

Meine Mutter arbeitet und ist sicher froh, dass ich ihr so viel abnehme. Ich fühle mich dadurch erwachsener. Ich kann alles.

Sie betrachtet es als Selbstverständlichkeit.

Zu meinen Aufgaben gehört auch das allwöchentliche Reinemachen. Meistens mache ich etwas nicht genau so, wie sie sich das vorstellt. Der Teppich liegt nicht an der Wand, Die Schuhe stehen nicht gerade in einer Reihe, die Pflanzen habe ich nicht genau dahin geschoben, wo ihr Platz war …

Ich werde immer geholt, um Abwasch zu machen. Meine Mutter sammelt immer einen Berg an Geschirr, bevor sie mich ruft.

Ich mache es schlecht. Nicht sauber genug. Nicht gut abgetropft.

Ich habe es so satt, mache es aber. Ich will die Liebe meiner Mutter haben. Nicht weil es mich gibt. Sondern zumindest nur für das, was ich kann. Ich muss es mir verdienen. Umsonst gibt es nichts.

Ich koche und bringe meinen Großeltern auch das Mittagessen.

Meine Großmutter, die immer kränkelte, wird ernsthaft krank und stirbt am Ende des Sommers. Ich spiele Orgel auf ihrer Beerdigung. Ich kann nicht weinen. Es geht nicht.

Die Kleinen werfen Blumen und Briefe ins Grab.

Der Großvater zahlt ein Vermögen für die Beerdigung. Er legt das Geld so lange auf den Tisch, bis der Pfarrer *Stopp* sagt.

Die Leute sollen ja nichts zu meckern haben. Der Pfarrer legt aber keinen Wert auf besondere Ausgestaltung der Trauerfeier.

Meine Oma war jeden Tag in der Kirche und legte jeden Groschen aus ihrem Ersparten in den Opferstock.

Opa ist wütend und streitet mit dem Pfarrer. Es gibt Ärger, und ich habe kein leichtes Leben als Organistin. *Mit deiner Familie kann man ja nur über Geld reden –* sagt er.

Großvater ist sauer, da die Leute lästern – er hätte nicht genug gezahlt. Es gab ja nicht einmal Weihrauch.

Nach dem Tod der Großmutter wird er sehr liebenswürdig, weich.

Er mag mich sehr und steckt mir immer wieder Geld zu.

Mein Vater und er haben sich nicht viel zu sagen.

Opa hätte sich nicht um seine Ausbildung gekümmert, und seine Krankheit entstand deswegen, da er in der Kindheit unter so vielen Entbehrungen leiden musste.
Zwei Erwachsene, die nicht zueinander finden.

*

Großvater fängt meine Post bei der Briefträgerin ab. Von meinem Freund, von einem katholischen Klosterbruder, der damals für mich sehr wichtig war, und von meiner Freundin.

Er zwinkert mir zu und greift in die Jackentasche. *Da hast du was.* Er grinst.

Wir sind Verbündete, hinter dem Rücken meiner Eltern.

Ohne das Briefeschreiben und auch -bekommen, wäre mein Leben noch trostloser gewesen.

Opa sagt – *Benimm dich aber anständig* – und zwinkert wieder. Es macht ihm wohl großen Spaß.

Meine Freundin ist mir ein großer Trost. Unsere Schicksale sind zwar unterschiedlich, aber wir verstehen uns auf Anhieb.

Wir trösten uns gegenseitig, reden, umarmen uns, kuscheln. Schlafen in einem Bett.

Als ich sehr klein war, durfte ich auch bei meinen Eltern im Bett schlafen, es hatte aber immer einen Grund.

Es war entweder kalt, oder mein Vater war weg und meine Mutter kam auf meine Bitte hin in mein Bett, oder ich sollte schlafen gehen.

Mein Vater begleitete mich oft, auf Geheiß meiner Mutter, in mein großes Kinderbett.

Er war meistens müde von der Arbeit, und sie wollte in Ruhe ihre Haushaltspflichten erledigen. Er schlief auch meistens vor mir ein, in einer sehr unbequemen Position. Das Bett war nur für mich zu groß. Ich krabbelte meistens wieder raus, ging zu meiner Mutter und sagte – *Papa schläft.*

Er fasste mich nie an, streichelte mich nie. Nicht einmal am Kopf.

Er deckte mich höchstens zu und drückte die Decke an. Ich sollte es ja warm haben.

Ich sehe meine Eltern nie miteinander kuscheln oder sich küssen.

Nur necken. Immer auf Kosten des Anderen. Sehr oft auch auf meine.

Der Klosterbruder ist damals mein Vertrauter. Ich kenne ihn von einer Freizeit. Er besucht mich oft.

Wir reden sehr viel, nächtelang.

Meine Eltern lassen es zu, dass ich alleine mit ihm in meinem Zimmer bin.

Er ist zwar erst 21 Jahre alt, hat aber schon das Keuschheitsgelübde abgelegt. Sie vertrauen ihm. Ich fühle mich sicher bei ihm.

Wir fahren wieder zusammen auf eine Freizeit.

Nachts schlafen alle Gruppenleiter in einem Zimmer, etwa sechs bis sieben Leute.

Ich wache nachts auf und spüre einen warmen Körper sich an mich drücken.

Er hält meine Hand und reibt damit an seinen Genitalien. Sein Mund ist an meinem Hals. Er drückt sich immer näher an mich. Ich spüre seinen heißen Atem.

Ich weiß was da passiert. Bin entsetzt.

Das hätte ich von ihm nie gedacht. Sein Benehmen war sonst immer in Ordnung, oder ich konnte es auf Grund meiner damaligen Erfahrungen noch nicht einordnen.

Ich stehe auf, wie wenn ich nichts mitbekommen hätte und gehe auf die Toilette.

Ich hätte natürlich schreien können, aber so wurde ich erzogen. Ertragen, erdulden, über sich ergehen lassen. Ich bin doch eh schuldig ...

Die nächste Nacht schlafe ich zwischen zwei Jungs, die beide mit Freundinnen da sind und mir diese Lösung anbieten. Sie wollen dem „heißen Bruder" eine Abreibung verpassen.

Zur Abkühlung seines Gemütes. Es ist Winter.

Ich finde es so schön, wie sie sich für mich einsetzen. Ich bin wieder sicher.

Die Freundschaft ist beendet. Die Jungs stellen ihn zur Rede. Es fällt kein Wort einer Entschuldigung. Er weiß von nichts. Er hat wahrscheinlich geträumt, oder ich mir wieder etwas eingebildet.

Ich bin enttäuscht. Schon wieder. Hört es denn nie auf? War ich vielleicht doch selber schuld?

Auch mein damaliger Freund hat eine Parallelbeziehung. Ich bin verletzt.

Was mache ich falsch … ? Es muss an mir liegen …

Jetzt bleibt nur meine Freundin. Auch sie wird bald heiraten und bekommt mit 22 Jahren ihren Sohn. Sie studiert weiter und wird erfolgreiche Biologin. Mit 27 dann die Scheidung. Ihr Mann ist Alkoholiker.

Der Klosterbruder tritt aus der Bruderschaft aus. Heiratet, bekommt Kinder und wird ein engagierter Schuldirektor.

Nach seinem Austritt wird er von seiner Herkunftsfamilie verstoßen.

Meine Mutter ist sehr eifersüchtig auf das Briefeschreiben und wirft mir vor, nicht mehr zu ihr zum Vorlesen der Briefe zu kommen. *Ich habe sicher etwas zu verbergen und lebe in Unzucht und Schuld.*

Ich habe sicher unreine Gedanken. Sonst würde ich mich doch ihr anvertrauen.

Ich verheimliche sicher etwas – sagt sie.

Ich weiß, dass sie in meinem Tagebuch liest. Das habe ich gesehen. Wie soll ich ihr vertrauen?

Ich habe zu diesem Zeitpunkt keinerlei sexuelle Erfahrungen, Übergriffe ausgenommen.

Bis aufs Händchenhalten und flüchtige Küsse beim Abschied. Das alles ist strengstens verboten.

Alles ist Sünde!

Meine Eltern meinen, ich wäre unrein. Schon das Denken ist eine Sünde, und ich denke sicher dauernd an unkeusche Dinge.

Ich werde nie aufgeklärt von meiner Mutter. *Das ist ja auch unkeusch und weckt nur dumme Gedanken.*

Ich lese mir alles selber in einem Frauenheilkundebuch an, das ich in dem Bücherschrank meiner Eltern finde.

Einmal frage ich meine Mutter, wie das ist mit der Regel und dem „schwanger werden".

Sie verlässt fluchtartig den Raum und meint, das muss sie sich erst mal selber durchlesen.

Das Thema wird nie wieder von ihr angesprochen.

Eines Tages findet meine Mutter das Buch unter einem Sessel. Dort habe ich es versteckt. Sie kneift die Augen zusammen und sagt – *Jetzt brauchst du keine Aufklärung mehr. Weißt ja schon alles ...*

Jetzt gibt es einen Beweis meiner unkeuschen Gedanken. Sie sagen dann auch sehr oft – *Du wolltest doch Nonne werden. Nonnen lesen so was nicht ...*

Besuch bei einer Frauenärztin? Fehlanzeige.

Das macht Frau, wenn Frau schwanger ist. Davor völlig überflüssig.

Eine Vorsorgeuntersuchung – *brauchst du nicht vor der Hochzeit.*

Ich gehe erst zu einer Frauenärztin mit 31 Jahren. Ich hätte gerne meine Mutter dabei. Ich bin mit meinem ersten Kind schwanger.

*

Wir fahren zu meinen Großeltern mütterlicherseits. Etwa eine Stunde mit dem Auto.

Mein Vater fährt einen Fiat 650. Sein ganzer Stolz.

Alle Sitze können zu einer ebenen Fläche umgebaut werden.

Es ist ein ausgezeichnetes Transportmittel, auch für alle Baumaterialien für das neue Haus, *das für mich gebaut wird*. Das betonen meine Eltern immer wieder.

Ich mag das Auto sehr. Darin habe ich meinen eigenen Sitz, und die Bezüge sind so schön. Die hat meine Mutter genäht. Sie erinnern an eine Sonnenblumenwiese.

Das Auto wird von der Mutter meines Vaters – *Kartoffelkäfer* genannt. Die Farbe und die Form erinnern tatsächlich an einen Käfer. Meinen Vater ärgert es aber, was die Großmutter sagt.

Im Garten der Großeltern übt mein Vater mit meiner Mutter das Autofahren. Sie lacht dabei wie eine Vierzehnjährige.

Mein Vater ist klar in seiner Aussage – *Eine Frau kann nicht Auto fahren, da kann man nichts machen. Einfach zu blöd.*

Meine Mutter kichert. Ich finde sie so seltsam, wenn sie sich so benimmt. Diese Frau kann doch sonst alles so gut. Jetzt ist sie nur kindisch.

14

Mit 21 Jahren möchte ich endlich selber auch einen Führerschein machen. Mein deutscher Freund sagt, dass das sehr wichtig wäre für mich. *Jeder fährt heute Auto –* sagt er.

Ich kann ihm kaum glauben, weil er aber darauf besteht, melde ich mich in einer Fahrschule an.

Mein Vater ist alles andere als begeistert.

Das wirst du eh nicht schaffen, und warum hast du dich ausgerechnet in der Großstadt angemeldet? Er kennt ja den Lehrer hier vor Ort, da könnte er gleich fragen, ob ich eine Chance habe, die Führerscheinprüfung zu bestehen.

Bei Frauen dauert es ja bekanntlich länger ...

Es dauert nicht mehr lange, und wir brechen über Wien nach Deutschland auf.

Es ist uns nicht mehr möglich, mit meinen Eltern unter einem Dach zu wohnen.

Mein Freund ist über den Umgang meines Vaters mit mir, milde gesagt, schockiert. Es ist ihm unbegreiflich, wie der Mann, der sich als mein Vater sieht, mich noch schlagen kann. Ich bin inzwischen 21.

Und es ist kein Ende in Sicht. So lange ich dort bleibe, wird er es immer tun ... Auch mit 30. Sagt mein Vater.

Nachdem wir wegfahren, gibt es niemanden mehr, an dem er seine Wut, seinen Frust und Ärger auslassen kann.

Er wird depressiv, und *ich sei daran schuld. Ich hätte dableiben sollen. Ich sei doch sein geliebtes Töchterchen. Er habe alles für mich getan ...*

Wir fahren nach Wien. Wollen dort eventuell weiter studieren. Nach dem Vorspielen an der Hochschule sieht alles gut aus. Wir würden Studienplätze bekommen, aber die Finanzierung gestaltet sich schwierig. Wir fahren weiter nach Deutschland.

Auch dort mache ich auch meinen Führerschein, nach gutem Zureden von meinem Mann. Erst mit 27 Jahren. Ich traue es mir einfach früher nicht zu.

Der Lehrer ist ein Engel. Ich bin überrascht, wie er mit mir umgeht. Freundlich, zuvorkommend, besorgt. Für mich eine Offenbarung. Er mag mich! Ich bin doch nur eine von seinen vielen Schülern ...

Die Fahrprüfung bestehe ich auf Anhieb. Ich bin stolz.

Acht Jahre später ist meine Mutter zu Besuch. Sie wird von mir mit dem Auto abgeholt. Beide Kinder sitzen hinten angeschnallt. Mein kleiner Sohn ist gerade zehn Wochen alt.

Sie setzt sich auf den Vordersitz und taxiert mich mit einem besonderen Blick, als ich mich ans Steuer setze.

In ihren Augen sehe ich Bewunderung, Misstrauen, aber auch Neid. Während sie bei uns ist, machen wir viele Ausflüge und ich fahre mit ihr überall hin. Ich versuche sie davon zu überzeugen, doch noch einen Führerschein zu machen.

Meinst du? In meinem Alter? – ist ihre Antwort. *Du kennst doch den Papa ...*

Zu Hause wird sie von meinem Vater ausgefragt, wie denn so meine Fahrkünste seien.

Ich fahre seit 18 Jahren Auto. Er ist bis jetzt nie mit mir gefahren. Er war noch nie in Deutschland.

Meine Mutter ist wohl recht angetan von meinem Fahrstil. Sie sagt, ich fahre gut, sicher.

Er glaubt es nicht und meint nur – *Ach mir ist doch wohler, wenn dein Mann fährt. Er ist ja ein Mann.*

Bei Frauen, da weiß man nie.

Auch wenn der Fahrstil in Polen sich gewandelt hat – alle passen mehr aufeinander auf und sind nicht mehr so aggressiv wie vor Jahren – fahre ich dort tatsächlich sehr ungern Auto.

Ja ... ich kenne meinen Papa.

15

Wir sind zu Besuch bei den Stiefeltern der zukünftigen Frau meines Onkels. Des zweiten Bruders meines Vaters.

Im Wohnzimmer steht ein schönes schwarzes Klavier.

Die leibliche Tochter, soll etwas vorspielen. Begeisterung schaut etwas anders aus.

Ich aber bin von dem Instrument nicht wegzubringen. Sie bringt mir widerwillig den Flohwalzer bei.

Bis wir gehen, sitze ich wie verzaubert am Klavier.

Ich gebe jetzt zu Hause keine Ruhe. Wochen, Monate lang. Ich bin so hartnäckig, dass die Eltern sich doch geschlagen geben. Nach bestandener Aufnahmeprüfung an der Musikschule zögert mein Vater aber immer noch mit dem Kauf eines Klaviers.

Die Lehrerin macht ihm langsam klar, dass das so nicht gehen kann. Ich muss ja eine Semesterprüfung spielen und bestehen, wenn ich an der Schule bleiben will.

Jetzt geht alles sehr schnell. Innerhalb kürzester Zeit steht ein Flügel im „leeren Zimmer". Vater sagt – *Klavier macht keinen Sinn* – er hätte sich erkundigt – *es hat kurzen Klang.*

Und wenn schon, denn schon.

Das Zimmer ist noch nicht fertig. Es fehlt der Parkettboden.

Es wird jetzt für die nächsten Jahre mein Refugium. Tür zumachen, üben, spielen, eigene Stücke erfinden und neue einstudieren, die ich nicht zu einer Prüfung spielen muss.

Dichten und Melodien dazu erfinden.

Die Gedichte zeige ich meiner Mutter. Sie liest sie durch, schaut mich misstrauisch an und fragt – *Wo hast du die denn abgeschrieben … ?*

Sie lassen mich trotzdem machen. Ich habe meine Ruhe beim Spielen. Vater nimmt mich auch nicht mehr mit zum Arbeiten. Nur wenn ich unentbehrlich bin. Kaum schwere Arbeiten.

Meine Mutter setzt sich durch, *sonst werde ich so breit in den Schultern*, sagt sie.

Vater lenkt ein und macht seinen Frieden damit, dass ich kein Junge bin.

Ich kann immer sagen – ich muss üben. Sie haben großen Respekt vor der Musikschule. Sie sind beide sehr musikalisch, haben aber kaum Ahnung von der Materie. Mein Vater hat eine schöne Stimme und singt sehr gerne, und die Onkel meiner Mutter hatten eine Jazzband gehabt.

Sie selbst lernte das Gitarrespielen.

Jetzt sind sie sehr stolz, weil sie mit mir vor der Familie, den Freunden und Nachbarn angeben können.

Egal mit welcher Motivation, ich darf spielen.

Meiner Seele wachsen Flügel …

Ich besuche meinen Freund. Er möchte die Aufnahme-prüfung für Klavier machen und nimmt dafür Privat-unterricht bei einem Professor an der Musikhochschule.

Ich wohne bei ihm. Er spielt dort Orgel an einer großen Kirche. Ein Fulltime-Job mit vielen Touristen.

Ich werde von ihm in ein schönes Restaurant eingeladen, die Stimmung ist aber etwas getrübt. Aus Angst oder einer Vorahnung heraus sind wir uns nicht so nah gekommen, wie er es eigentlich wollte.

Er ist gereizt und meint – *Ich hätte mir vielleicht bessere Zeit aussuchen können, um meine Regel zu bekommen.* Ich bin verletzt und fühle mich benutzt.

Später machen wir einen Ausflug ans Meer. Sitzen an der Mole. Er sagt – *Es wäre schon schön mit dir, aber du müsstest was Grundlegendes an dir ändern.*

Er blickt Richtung Meer, weg von mir ...

Ich fahre wieder nach Hause. Dort werde ich von meiner Mutter empfangen mit einem fragenden, verurteilenden Blick – *Schwanger?*

Kurz vor meinem Abitur trennen wir uns. Er schreibt mir, dass er mich treffen möchte.

Er wäre ein Schwein, und ob ich ihm verzeihen könnte?

Kurze Zeit später erfahre ich, dass er Vater geworden ist.

17

Wir fahren zu einer Beerdigung in den Heimatort meines Vaters. Ein Großonkel, der Mann der Schwester meiner Oma, ist gestorben.

Es riecht komisch in dem Zimmer, wo er aufgebahrt ist. Süßlich, erdig. Ich hatte so etwas noch nie gerochen …

Ich stehe an seinem Sarg und schaue ihn an. Sein Unterkiefer ist festgebunden. Seine Hautfarbe, gelb und grau. Er ist mir unheimlich. Ich habe Angst.

Ich höre Menschen weinen und fange selber an zu schluchzen und zu zittern. Meine Mutter sagt, ich soll aufhören zu heulen, sonst muss sie auch weinen. Sie versucht, mich auf diese Weise zu trösten.

Die Tochter des Onkels macht mit mir einen Spaziergang in den Wald.

Ich stürze von einem Abhang in die Tiefe. Schreie und weine, komme einfach nicht wieder hoch. Ich rutsche auf den Blättern und Ästen, und auf der Erde aus.

Die Wände sind zu steil.

Sie wirft mir ein Seil herunter. Ich weiß nicht, wie sie so schnell dazu kommt.

Wir müssen nah am Haus sein. Sie ist so schnell wieder da …

Das Seil ist so dick, dass ich es kaum fassen kann. Sie zieht mich hoch und tröstet mich. Sie lispelt.

Wir pflücken Pflaumen und Birnen. Das Haus riecht immer noch so süßlich, erdig. Es liegt vielleicht an dem Kornmahlstein, der im Eingangsbereich steht. Die Großtante bäckt selber Brot.

Wir fahren im Herbst immer dort in die Gegend, um Brombeeren und Pilze zu sammeln.

Unter einem großen Ästehaufen finde ich eine Rotkappe, einen seltenen und sehr schmackhaften Speisepilz.

Mein Vater ist sehr stolz und freut sich sichtlich. Er erzählt es allen in der Familie wozu ich, *der kleine Fratz*, fähig bin.

Ich freue mich auch, denke aber – *Es ist doch nur ein Pilz, und gar nicht mal ein großer …*

Mit siebzehn nehme ich an einem Orgelwettbewerb teil.

Ich und zwei Jungen aus meinem Gymnasium fahren mit dem Zug die Nacht durch dorthin.

Ich schlafe alleine in einem Abteil mit meinem Orgel-lehrer. Er fragt vorher meine Eltern, ob das so in Ord-nung ist. Ich bin das einzige Mädchen in der Gruppe, und er will mich nicht in einem anderen Abteil alleine schlafen lassen. Er fühlt sich verantwortlich für mich.

Er zieht sich auch nicht wirklich zum Schlafen um. Er streift nur seine Oberbekleidung ab und bleibt in der langen Unterwäsche. Es ist Winter.

Er schaut mich immer wieder diskret an und fragt, ob alles in Ordnung wäre.

Ich fühle mich sicher in seiner Gegenwart. Wir verstehen uns gut.

Er mag meine direkte Art, Dinge zu benennen und beim Orgelspielen meinen Mut, mich durch kleine Fehler nicht aus der Ruhe bringen zu lassen.

Er sagt öfter zu einem sehr guten Schüler, der nach mir Unterricht hat und dem leider immer wieder die Nerven versagen, im Unterricht und bei Prüfungen – *Nimm dir Beispiel an ihr: sie flucht und spielt weiter; du bist eine Memme.*

Ich finde es lustig, wie er das sagt. Dass ich das mache, ist mir bis jetzt nie aufgefallen. Das tut gut. Der Junge hat das absolute Gehör, und ich bin in Gehörbildung eine Niete.

Das Vorspielen beim Wettbewerb läuft gut. Ich bin das einzige Mädchen unter 20 Jungen, das weiterkommt. Am Ende lande ich auf dem fünften Platz. Polenweit.

Mein Lehrer ist zufrieden mit mir. *Prima gemacht. Du hast sehr gut gespielt,* sagt er, *und schließlich spielst du erst seit drei Jahren Orgel, und alle Gewinner vor dir sind mindestens ein Jahr älter als du und kurz vor dem Studium.*

Bei diesem Wettbewerb lerne ich meinen dritten Freund kennen. Es ist keine Liebe auf dem ersten Blick, aber eines Tages taucht er einfach bei mir in der Schule auf. Meine Freundinnen sind in heller Aufregung. *Was??? Du hast einen Freund? Der ist ja nett …* sagen sie.

Ja, er ist wirklich nett.

Er trägt Brille, ist sehr groß und seine Haare sind sehr dunkel. Fast schwarz.

Er hat eine sehr gewinnende Art, und da ist etwas Weiches und sehr Verletzliches in ihm.

Er wurde zusammen mit seinem älteren Bruder nur von der Mutter großgezogen. Sein Vater verließ die Familie, als er noch sehr klein war.

Das hat er nie wirklich verkraftet. Wir reden sehr viel darüber, und er weiß noch nicht, wie mein Vater mit mir umgeht ... Ich wäre manchmal gerne ein Waisenkind ...

Er wohnt 300 Kilometer von mir entfernt. Wir können nur eine Fernbeziehung führen und besuchen uns, so oft es geht. Bis zu meinem Abitur und der Aufnahmeprüfung fürs Studium.

Er will in einer anderen Stadt studieren. Dort gibt es ausgezeichnete Klavierlehrer, und meine Eltern erlauben mir zwar, mich für den Studienplatz dort zu bewerben, aber zuerst soll ich versuchen, die Aufnahmeprüfung hier vor Ort zu bestehen.

Danach ist klar. Er wird woanders studieren. Ich habe die Aufnahmeprüfung bestanden und bin an der Hochschule eingeschrieben.

Die Entfernung ist zu groß, und seine Gefühle mir gegenüber offensichtlich nicht tief genug.

Auch er hat eine Parallelbeziehung. Wir trennen uns.

Nach dem Wettbewerb, zu Hause angekommen, sehe ich in meinem Zimmer eine neue Stereoanlage stehen. Mein Vater sagt – *Also mit dem ersten Platz habe ich nicht gerechnet, aber mindestens mit dem fünften.*

Ist das jetzt Lob oder Tadel?, frage ich mich.

19

Meine Mutter liest sehr gerne und bringt mir die ersten Kinderbücher und Zeitschriften mit.

Ich soll es auf jeden Fall besser haben als sie es jemals hatte.

Mein Vater liest fast nie, und wenn, dann meistens Krimis. Er toleriert aber die Leselust meiner Mutter. Ist vielleicht sogar stolz darauf.

Ich werde immer wieder von ihm getadelt, wenn ich ihn etwas frage, was er nicht weiß.

Ich soll das doch in den vielen Büchern nachlesen, die meine Mutter angeschafft hat.

Mit der Zeit macht es mir wirklich auch Spaß, ihn Dinge zu fragen, von denen ich weiß, dass er sie nicht beantworten kann. Auf die Gefahr hin, dass er sich wieder ärgert.

Meine Mutter kauft tatsächlich sehr viele Lexika, aus allen möglichen Wissensbereichen – Literatur, Medizin, Zoologie. Die werden dann im Wohnzimmerschrank aufgestellt.

Das schaut vornehm und beeindruckend aus – sagt sie.

Und tatsächlich, der neue Pfarrer, der zu Besuch kommt, schaut bewundernd auf die gesammelten Shakespeare-Werke. Gelesen werden sie nie.

Zum Nikolaustag gibt es in Polen viele Geschenke. Viel mehr als zu Weihnachten.

Die Geschenke sollen ja das große Fest der Liebe nicht überschatten.

Meine Mutter fragt, was ich mir den vom Nikolaus wünsche?

Ich sage nur: *Bücher*. Sie geht, ist verärgert und murmelt vor sich hin – *Bücher, nur Bücher. Gibt es nichts anderes was man dir schenken kann?*

Ich bekomme eine Latzhose und eine Tasche für Noten ... Aber in der Tasche sind Bücher!! Mindestens acht. Mein Lesehunger ist vorerst gestillt ... für drei Tage vielleicht.

Ich darf vorerst nicht in die Bücherei gehen. Gegen den Widerstand meiner Mutter darf ich dann doch mit dem Fahrrad hinfahren und mich anmelden. Dafür brauche ich ihren Ausweis, und den händigt sie mir sehr ungern aus. Ich verstehe nicht warum. Vielleicht will sie diejenige sein, die ein Auge darauf hat, was ich lese ...

Ich sammle Pfandflaschen und bringe sie heimlich zum Laden zurück. Für das Geld kaufe ich auch heimlich Bücher.

Mit vierzehn fange ich in unserer Kirche mit dem Orgel-spielen an.

Anfangs bekomme ich noch kein Geld, der Pfarrer ist aber so begeistert, dass er recht bald ein Honorar vorschlägt.

Ich bin alle Geldsorgen los. Endlich kann ich Bücher kaufen!

Ich lese praktisch nonstop. Überall. Auch beim Essen. Ich baue meistens das Buch wie eine Mauer um mich herum, um weiter lesen zu können.

Meine Eltern schimpfen, sie drohen.

Als mir eines Tages mein Buch in den Suppenteller reinfällt, ist es aus mit dem Lesen.

Mein kleiner Cousin fragt mich – *Woher weißt du das alles?*

Aus Büchern – antworte ich.

Du bist ein Genie, es gibt nichts was du nicht weißt, sagt der zehn Jahre jüngere.

Er hat sehr wache Augen und eine hohe Auffassungs-gabe.

Ähnlich wie bei mir, bietet sein Elternhaus keine großen Entwicklungsmöglichkeiten.

Er kommt sehr oft zu mir und fragt mich Löcher in den Bauch.

Mit meinem Auszug verliert er sich vollständig. Drogen und Alkohol bestimmen seinen Alltag. In seinen jungen Jahren muss er auch ins Gefängnis. Schulden absitzen. Ich war für ihn wieder nicht da ...

20

Ich fahre, wie immer per Anhalter, in die Musikschule.

Bald habe ich Abschlussprüfung der ersten Stufe.

Von unserem Ort aus gibt es noch keine Busverbindung. Es sind eigentlich nur 15 Kilometer, und die ersten muss ich auf gut Glück von jemanden, der aus dem Nachbarort kommt, mitgenommen werden. Oft sind es die gleichen Leute, die immer zu gleicher Zeit durchfahren und mich netterweise mitnehmen. Manche wundern sich, dass ich alleine fahre. Am Anfang bin ich ja erst zehn Jahre alt.

Dieses Mal hält ein kleiner Fiat an. Grün.

Ein netter, etwa 50 Jahre alter Mann nimmt mich mit.

Er ist freundlich und will mich mindestens bis zur Straßenbahnhaltestelle bringen.

Er plaudert sehr angeregt mit mir und will mich gerne noch weiterbringen. Es ist aber nicht die Richtung, die ich fahren möchte. Ich sage das, doch er möchte mich unbedingt überreden, mit ihm weiterzufahren.

Mein Misstrauen ist geweckt.

Er fasst immer wieder meine Hand, um sie zu wärmen, *ich bin doch in der Kälte gestanden*, sagt er. Ich sehe ihn immer wieder an dem Gürtel und dem Reißverschluss seiner Hose nesteln.

Plötzlich reißt er meine Hand zu sich und steckt sie in die Öffnung seiner Hose. Ich fühle etwas Warmes, Fleischiges, Weiches. Ich will meine Hand wegreißen, doch er hält sie sehr fest und drückt sie immer wieder an seine Genitalien. *Ich soll mich doch nicht so anstellen* – sagt er barsch. Er fährt weiter. Erst als ich in voller Fahrt die Tür aufreiße und schreie, dass ich gleich springen werde, wenn er nicht sofort anhält, lässt er mich los und hält an.

Ich stehe wie betäubt an einer Haltestelle, völlig desorientiert. Mir ist übel, und mein Herz hämmert noch lange. Ich steige in eine Straßenbahn, weiß aber nicht, ob es die ist, die mich in die Schule bringt.

Ich weiß – ich bin gerade einer Vergewaltigung entkommen. Ich fühle mich schrecklich.

Ich traue mich nicht, irgendjemand etwas zu erzählen. Ich mache nur Andeutungen. Ich habe Angst, wie meine Eltern reagieren werden. Ich bin sicher daran schuld, dass es passiert ist. Sie sagen etwas von *in Zukunft besser aufpassen* und *ich hätte mich sicher falsch verhalten*.

Mein Vater hätte mich fahren können. Er war zu Hause, und wir hatten ein Auto.

21

Ich gehe über die Straße zu unserem Tante-Emma-Laden. Ich möchte mir etwas Süßes kaufen.

Vor dem Laden stehen ein paar Männer und trinken ihr Bier in der Mittagspause.

Sie sprechen mich an. Ich finde sie lustig. *Sie kennen meinen Vater* und *wie ich denn heißen würde.* Ich nenne meinen Kosenamen. *Das ist aber schön* – sagen sie. *So heißt hier niemand … Wenn ich ihnen etwas vorsinge, bekomme ich etwas Süßes geschenkt.*

Ich laufe schnell nach Hause und ziehe mir einen schönen Gürtel meiner Mutter mit einer Blumenschnalle an. Gehe schnell zurück, stelle mich resolut vor die Männer und schmettere ein Volksliedchen von Karolinchen, das zu Gogolin geht, ihr Karlchen hinterher, doch sie will sich nicht umdrehen.

Meine Zuhörer finden mich Klasse. Klatschen, singen und loben mich, wie schön ich singe.

Ob ich noch etwas kann … ?

Wir stehen alle noch vor dem Laden und ich setze gerade zu einem neuen Lied an, als plötzlich ein scharfer Schmerz meine Waden, Oberschenkel und Po durchfährt.

Ich schaue erschrocken um mich und sehe meine Großmutter mit einem Reisigbesen in der Hand, die gerade zum nächsten Schlag ansetzt. Es zischt in der Luft. Es tut weh.

Ich laufe weinend nach Hause. Ich schäme mich. Großmutter hinter mir her.

Sie schimpft und sagt etwas von *Unzucht* und *Hurerei*. Ich kenne diese Ausdrücke gar nicht, spüre aber an der Art, wie sie sie ausspricht, sie bedeuten was Schlimmes.

Ich schaue verstohlen zu den Männern. Sie stehen immer noch da, etwas betrübt. Schauen in ihre Bierflaschen oder zu Boden.

Sie haben mich doch um das Singen gebeten. Sie hätten doch etwas sagen können, mich in Schutz nehmen können. Sie haben doch die Großmutter kommen sehen. Warum hat mich keiner gewarnt?
Ich finde sie doof.

Ein paar Tage später fragt mich mein Vater, wie denn das Singen so war. Er grinst.

Er muss es wohl mitbekommen haben. Jemand hat es ihm erzählt. Wahrscheinlich einer der Männer. Er ist nicht böse. Eher stolz und verwundert, dass ich mich getraut habe, vor Fremden zu singen. Er holt eine Tafel Schokolade aus der Jacke. Er hatte sie von den Männern bekommen.

Mein erstes Honorar. Von meinem ersten Publikum ...

Mit zehn Jahren fange ich mit Klavierspielen an. Meine Großmutter ist kategorisch dagegen. Sie möchte nicht, *dass ich dann später im Fernsehen meinen Arsch zeige. Sie kennt das schon* – sagt sie. Wieder vier Jahre später, als ich mit Orgelspielen anfange und dann recht bald in der Kirche spiele, ist sie selig.

*

Mein Kinder-Sportwagen steht im Wohnzimmer.

Ich brauche ihn nicht mehr, aber ich spiele gerne mit und in ihm.

Ich packe meinen großen Bären und die Puppen hinein. Zum Schluss krabble ich selber hoch, wickle mich in eine blau-weiß-rosa karierte Decke ein. Meine Puppen bekommen die in Gelb. Ich darf sie zum Spielen benützen. Sie war früher meine Babydecke und ist schon etwas in Mitleidenschaft gezogen.

Ich schaukle mich selber in dem Wagen. Sehr lange. Manchmal schlafe ich ein. Ich mag es, wenn es so schaukelt.

Von einer Kirchweih bringt meine Großmutter mir ein Schaukelpferd mit.

Sie strahlt und ist so stolz. So was hatte sie selbst nie gehabt. Auch ihre Kinder nicht. Sie hatte nie ein eigenes

Einkommen und musste sich alles heimlich zusammen sparen. Oder sie hat etwas auf dem Markt verkauft, oder vom Opa verkaufen lassen.

Sie hat meistens nicht die ganze Summe bekommen, sondern nur so viel, wie der Opa für richtig hielt.

Jetzt bin ich da. Ihr erstes Enkelkind. Sie verwöhnt mich nach Kräften und im Rahmen ihrer Möglichkeiten. Es gibt immer wieder Heiligenfiguren, die sie von den Pilgerstätten mitbringt, aber auch gemeinsam gegessenes Weißbrot, dick mit fetter Cremesahne, Marmelade und obendrauf mit Zucker gehört dazu. Und ich darf, wieder auf einer Kirchweih, Karussell fahren.

Sie steht in der Nähe und lacht. Glücklich. Etwas verschämt.

Am liebsten würde sie selber mitfahren.

Für ihre Kinder gab es auf einer Kirchweih höchstens Salzgurken …

Ich liebe das Schaukelpferd. Es hat echtes Fell, eine schwarze Mähne, einen braunen Sattel und rote Steigbügel. Auch das Zaumzeug ist wirklich schön.

Ich verbringe Stunden schaukelnd auf diesem Pferd. Ausgestattet mit einem Kissen und einer Decke wiege ich mich in den Schlaf.

Es ist so bequem, weich, flauschig. Es riecht so gut. Ich fühle mich geborgen. Ich möchte es nie hergeben. Ich liebe es.

*

Ich bin mit meinen Großeltern in ihrem großen Obst-
garten. Opa kaufte ihn für seinen mittleren Sohn, der ist
aber wenig daran interessiert. Er trinkt. Eines Tages
bekomme ich mit, wie er unter einem Epilepsieanfall (so
wird das gedeutet) zusammenbricht. Ich sehe es, Gott sei
Dank, nicht.

Mein Opa und mein Vater erzählen es mir. Sie klingen
besorgt. Ratlos.

Meine Großeltern versorgen den Garten, die vielen
Obstbäume und Sträucher.

An diesem Tag sieht es nach einem Gewitter aus.

Großmutter sagt, ich soll schon mal nach Hause gehen,
um nicht nass zu werden. Sie kommen bald nach, sagt
sie.

Ich gehe los. An einem Waldstück vorbei. Möglichst
schnell. Da habe ich immer Angst. Dann noch ein
Abschnitt ohne Häuser, und dann kommen endlich die
ersten Anwesen zum Vorschein.

Ich renne schnell, die ersten Tropfen fallen schon. Über
den zwei Meter hohen Zaun mit spitzen Zacken darf ich
eigentlich nicht klettern, aber ich muss es, um den
Schieber am Tor zu finden, denn der ist ganz oben.

Ich laufe durch den Garten, die Treppe hoch, greife ans
Fensterbrett, um den Schlüssel für die Haustür zu holen.

Ich komme nicht hin. Ich bin zu klein. Daran dachte die Großmutter wohl nicht.

Es regnet sehr stark. Ein Gewitter.

Ich stehe im Regen. Ich zittere vor Kälte und habe Angst vor dem Donnern.

Endlich sehe ich die Großeltern hinter der Scheune hervorkommen.

Oma macht schnell die Tür auf und spricht beruhigend auf mich ein. Ich werde umgezogen, und sie zündet eine Lichtmesskerze an. So ist die Tradition.

Bei Gewitter wird immer eine gesegnete Kerze ange-zündet. Sie soll vor Unglück bewahren.

Sie schützt das Haus, die Tiere und die Menschen die darin wohnen.

Großmutter sagt, es gewittert, weil der liebe Gott zürnt. Die Menschen sind zu schlecht.

Ich soll beten, dann wird er milde und barmherzig.

Trotzdem habe ich seitdem keine Angst vor Gewitter oder Donnerschlägen.

Ich mag diese Urgewalt. Ich kann stundenlang am Fenster stehen und zuschauen, wie sich die Bäume biegen.

Ich stehe gerne im Regen. Am liebsten barfuß …

Eines Tages werde ich von einem Jungen in der Schule geschubst.

Es ist nicht schlimm, aber auf meinen Knien gibt es ein paar Schrammen.

Mein Vater fragt, was passiert ist?

Ich habe das Gefühl, er sucht nach einer Möglichkeit, seinem Ärger Luft zu machen. Ich weiß nicht, über was er sich geärgert hat.

Er nimmt mich entschlossen an der Hand, und wir gehen zu dem Haus des Jungen.

Er und seine Eltern wohnen in einer Schweinezucht-anlage. Er wird auch deswegen in der Schule gehänselt. Dort riecht es immer wieder sehr stark nach Grünfutter und Gülle. Die dort wohnen, haben kein hohes Ansehen im Ort.

Mein Vater ist sehr selbstsicher. Laut und anklagend spricht er mit der Mutter. Sie fackelt nicht lange. Schnappt sich einem Gürtel, der an der Tür hängt und zieht ein paar Mal über die Beine des Jungen. Er zuckt kaum merklich. Weicht nur sehr wenig aus.

Sie sagt – *Damit wäre diese Angelegenheit erledigt, aber da gäbe es noch etwas.*

Wir, die Kinder aus der Klasse, hätten sein Heft voll-geschmiert und auf jede Seite eine Sechs hingeschrieben.

Das stimmte wirklich. Ich habe aber nichts davon erzählt, da ich spürte, Unrecht getan zu haben. Wir mochten ihn überhaupt nicht. Ich wollte mitmachen, um nicht als Außenseiter dazustehen.

Mein Vater fragt, ob das stimme und kündigt zu Hause eine ordentliche Strafe an.

Die Mutter des Jungen ist sichtlich zufrieden mit der Wende der Geschichte.

Auf dem Nachhauseweg fragt mich mein Vater nach dem Vorfall in der Schule. Ich spüre, dass er nachdenklich ist.

In unserem Haus soll ich dann auf kleinen, scharfen Kieselsteinchen knien. Die Hände hoch nach oben ausgestreckt haltend. Gott sei Dank muss mein Vater draußen sein, und ich kann meine Arme etwas tiefer senken.

Es ist im Keller. Die Räume sind damals noch ganz luftig und hell.

Nicht wie heute.

Dunkel, vollgestopft, modernd.

Es tut immer mehr weh. Die scharfen Steinchen schneiden immer mehr in die Haut ein.

22

Im gleichen Haus. Wir wohnen schon inzwischen dort. Ich bin offensichtlich frech.

Mein Vater hält mir seine breite Hand vor das Gesicht und fragt ob ich sie spüren will?

Ich kann immerhin meine Hände über dem Kopf fest halten. Es nimmt wieder kein Ende. Mein Gesicht ist angeschwollen und rot. So gehe ich am nächsten Tag in die Schule.

Ich kann mich nicht erinnern, dass wir, die Schulkinder, falls ein Kind mit Spuren einer häuslichen „Bestrafung" in die Schule gekommen ist (es waren meistens die Jungs), darauf besonders Acht gegeben hätten.

Es war „normal". Ein nötiges Übel. Das musste ertragen werden. Wir wollten uns vor den anderen nie anmerken lassen, wie schlimm es wirklich wehtat.

Meistens fanden wir es lustig. Auch das Opfer lachte mit … Es war, wie dem Ganzen die Luft aus den Segeln nehmen … Dann tut es weniger weh, am Körper und vor allem in der Seele.

Mein Großvater schlägt mich nie.

So streng er zu seinen Söhnen ist, ich fühle mich bei ihm sicher.

Nur einmal läuft er mir hinterher, ich weiß nicht mehr, was ich angestellt habe.

Ich verstecke mich hinter dem Tischbein am Boden, in der Küche.

Die Tischdecke hängt so tief, dass er mich nicht sehen kann. Er geht wieder.

Eines Tages, Opa isst gerade, werfe ich ihm ein Lutschbonbon in die Suppe. Er bekommt es nicht mit. Erst als er fertig mit dem Essen ist, sage ich ihm, was ich gemacht habe.

Er wirkt etwas verärgert. Als er dann aber die Bonbonreste in der Suppe sieht, lacht er.

Er hat mir nicht geglaubt.

Und er liebt, genau wie mein Vater, Süßes über alles. Zum Frühstück essen sie lieber Kuchen als Brot.

23

Mein Vater erzählt aus seiner Kindheit.

Er soll zum Dorfladen gehen. Hefe holen. Oma (seine Mutter) bäckt selber Brot. Er bringt den Rest des Geldes nach Hause. Opa zählt gleich nach und stellt dabei fest, dass ein paar Groschen fehlen.

Mein Vater hatte Durst und kaufte sich eine Limonade. Er hatte nichts gesagt. Opa hätte es niemals erlaubt.

Er prügelt so auf meinen Vater ein, dass er am Kopf eine Platzwunde hat.

Der Junge geht zu einem Weiher in der Nähe. Die Wunde blutet. Das Wasser färbt sich rot.

Mein Vater erzählt, er hätte die Limo dort wieder ausgeblutet …

Später geht er mit dem Großvater einen großen Baum fällen. Daraus sollen Dachschindeln werden. Der Baum hat mindestens 20 Zentimeter Durchmesser …

Er fällt, von einer Windböe erfasst, in eine andere Richtung als geplant.

Mein Vater flieht in ein Flussbett, wird aber vom Baum erfasst. Er wird ohnmächtig, und Opa bringt ihn erschrocken nach Hause. Er spuckt mehrere Wochen Blut.

Großmutter meint – es war ein Marienfeiertag, wenn auch kein offizieller – *Man hätte man an diesem Tag keine schweren Arbeiten verrichten sollen. Das war Gottes Strafe.*

Er und seine Brüder sind als Geschwister acht und dann noch einmal sieben Jahre auseinander.

Er muss seinen jüngeren Bruder huckepack tragen. Die Oma meinte, der Dreijährige hätte Asthma, deswegen muss er so schnaufen beim Gehen. Mein Vater sagt, der Jüngere war einfach nur zu fett und hatte keine Lust, selber zu gehen.

Als Jugendlicher übernimmt er die volle Arbeit eines Erwachsenen in einer Schweinemastanlage. Opa baut in der Zwischenzeit ihr neues Haus. Auch er kassiert das volle Gehalt. Als mein Vater fragt, ob er etwas zu essen bekommt, meint der Opa – *Da gibt es doch Kartoffeln für die Schweine. Die kannst du doch essen.*

Mein Vater verdient sich in den Überstunden etwas dazu, um Essen kaufen zu können.

*

Meine Großmutter mütterlicherseits wohnt in einem Holzhaus.

Das Haus wird alle paar Jahre neu gestrichen. Mir würde sichtbares Holz besser gefallen.

Als ich es zum ersten Mal bewusst wahrnehme, ist es dunkelbraun, mit weißen Streifen und weißen Fenstern. Ich komme wieder zu Besuch, wie fast jedes Jahr.

Der Mann meiner Tante, eigentlich die ganze Familie ist zu Besuch.

Er wirft mich wie immer hoch. Ich hasse es inzwischen, mache aber mit. Es macht ihm offensichtlich Spaß. Er drückt immer mehr. Ich bin ja auch nicht mehr drei. Es tut weh.

Er ist sonst auch nett zu mir.

In seiner Ehe läuft es nicht rund. Auch er hat Alkohol-probleme.

Seine Frau wirft ihn irgendwann mal raus. Für eine Weile steht an der Tür zu ihrer Wohnung nur ihr Name.

Er wird von ihr wie ein Stück Dreck behandelt. Er wech-selt dauernd seine Arbeitsstelle, beziehungsweise er verliert sie. Sie verachtet ihn.

Sie haben zwei Kinder. Meine Tante ist Krankenschwes-ter und verdient alleine ausreichend. Auch die Wohnung ist eine Dienstwohnung, die sie später alleine kaufen wird.

Mein Onkel ist immer recht lustig, dauernd in Bewegung. Ein Unruhegeist.

Er trinkt sehr viel starken Kaffee, und sein Essen ist ihm immer zu wenig gewürzt.

Wir streichen alle das Haus. Die Farbe ist dieses Mal nicht wirklich schön. Es erinnert mich an Durchfall. Damals in den Achtzigern gibt es wenig Auswahl, wenn überhaupt. Man muss nehmen, was da ist.

Auch der Onkel hilft mit.

Als ich vorbei gehe, fasst er mich an meine linke Brust und drückt sie zusammen. Ich schreie auf. Es tut weh!

Ich bekomme einen Bluterguss, und mein schönes Kleid in blauweißen Streifen ist ruiniert. Der hässliche Farbfleck lässt sich mit keinen herkömmlichen Mitteln entfernen.

Seine Frau schaut missbilligend.

Was für ein Vollidiot – sagt ihr Blick.

Meine Mutter ist sauer, weil das Kleid kaputt ist – *ich hätte in diesem Moment nicht vorbei laufen sollen.*

24

Meine Großmutter ist zu Besuch.

Ich mache eine Himbeertorte. Sie gelingt gut. Mit Biskuitschichten und einer „Galaretka" – einer polnischen Götterspeise als Guss obendrauf.

Oma ist wirklich beeindruckt und meint – *Dass du so was kannst ...? Toll!! Tolles Mädchen! Ich kann so etwas nicht.*

Meine Mutter schaut mit einem Blick der sagt – *Ja nicht zu viel loben!* und andererseits – *das habe ich ihr beigebracht, das hat sie mir zu verdanken.*

Ich werde von meinen Eltern immer wieder mit meiner Amme verglichen, die ich in meinem ersten und zweiten Lebensjahr hatte. *Ich würde wie sie, genauso chaotisch und unordentlich sein. Sie hat mich wohl schlecht erzogen ...*

Am Anfang meiner Kochexperimente, etwa mit zehn, entwickle ich eine regelrechte Kochwut.

Meine Mutter meint dann wieder – *Ich finde es schon gut, dass du so viel machst und dich dafür interessierst, aber es muss nicht so viel sein.*

Vater findet es auf jeden Fall gut. Ein Pluspunkt auf dem Heiratsmarkt.

Immerhin etwas. *Mit deinem frechen Mundwerk wird dich eh keiner wollen*, höre ich immer wieder.

Wenn jemand zu Besuch kommt, darf ich Kaffee und Kuchen servieren.

Ich tue es auch gerne. Immerhin, so bekomme ich etwas Anerkennung. Auch von meinem Vater, der mir hinterherschaut, wenn ich wieder etwas holen gehe.

Da wird ja dein Mann zufrieden sein – sagt er.

In Polen sagt man – *Eine gute Ehefrau ist des Mannes Krone.*

Mein Vater ist stolz. Er hat doch eine tolle Tochter zustande gebracht. Die Frucht seiner Lenden. Er hat zwar nur mich, aber auch das kann er mit einem polnischen Spruch untermauern: *Ein Mann der ein Schisser ist, bekommt nur Buben. Ein Held bekommt nur Mädchen.* Na dann …

Diesen Spruch wiederholt er immer wieder. Bei allen möglichen Gelegenheiten. Bei fast jeder Familienfeier. Auch im Alltag.

Ich soll gut bügeln können – *schön auf Kante, sonst wird mir meine Schwiegermutter schon was geben. Waschen und immer gut auswringen, immer in eine bestimmte Richtung. Wischen, ganz wichtig, in allen Ecken genauestens.*

Wenn ich das nicht gut genug mache, wird es alles auf sie, meine Eltern zurückfallen.

Und wie stehen sie denn da? Was sagen die Leute? Ich soll reinlich und sauber sein. Wie meine Mutter. Am besten geschlechtslos.

Das mit dem Mann abkriegen und Kinder bekommen soll schon sein. Aber das ganze Drumherum – völlig überflüssig.

Liebe vergeht – sagt mein Vater – *ich weiß gar nicht, ob ich die Mama überhaupt geliebt habe.*

Die Oma hat Druck gemacht, was die Leute wohl sagen, und so.

Sie waren schon fünf Jahre befreundet, und meine Mutter war 25 Jahre alt. Damals, 1965, ein spätes Mädchen.

Wenn ich auch noch Abitur habe, bin ich wirklich noch viel mehr wert als meine Mutter, und womöglich noch mit Studium, unschlagbar.

Meine Eltern haben schon konkrete Pläne, was meine Zukunft anbetrifft. Ich soll meinen Cousin heiraten. Er ist zwar etwas jünger als ich, aber als adoptiertes Kind mit mir nicht direkt verwandt.

Wir fahren sie oft besuchen, und ich mache mit dem Jungen schöne Ausflüge.

Ich mag ihn und seine Eltern, besonders den sanftmütigen Onkel, aber die Tante ist sehr streng und macht mir

Angst. Sie ist sehr aufbrausend und hat ihre Männer „gut im Griff".

Während wir unterwegs sind, überlegen meine Eltern schon, in welchem Haus wir dann nach der Heirat wohnen werden. Wir haben beide keine Geschwister. Ich bin fünfzehn!

Ich bin seit ein paar Monaten mit meinem zukünftigem Mann zusammen, da fahren wir sie wieder besuchen. Er bleibt alleine in der Küche, und ich muss kurz raus, etwas holen. Während ich reinkomme, höre ich, wie meine Tante und ihr Sohn über die Deutschen lästern. Sie wissen ja nicht, dass mein Freund Polnisch versteht. Sie haben ihn noch nie Polnisch reden hören. Ich frage ihn jetzt auf Polnisch, warum er denn nichts sagen würde … ?

Er lächelt mich an und antwortet auch auf Polnisch – *Ach weißt du, manchmal ist Zuhören besser als Reden.* Meine Tante und ihr Sohn wissen nicht, wo sie hinschauen sollen.

25

Ich meide den Kontakt zu den „einfacheren" Jungs.

Ihre Sprüche widern mich an. Sind abstoßend.

Ich will auf gar keinen Fall jemanden wie meinen Vater als Freund.

Das funktioniert gut. Aus dem Ort gehen alle Jungs auf Abstand. Ich bin ihnen zu klug, und vielleicht wirke ich auf sie eingebildet.

Als Organistin bin ich eine „Respektsperson". Sie trauen sich gerade, auf den Kirchenbänken in meiner Nähe zu sitzen und mich eine Stunde lang anzustarren. Gut so.

Sobald ich mich ihnen spreche, weiß ich aus welchen Stall sie kommen.

Meine Eltern sind bald alarmiert.

Wenn du weiter so machen wirst, wird dich hier keiner wollen – sagt meine Mutter.

Wunderbar. Dann gehe ich ins Kloster.

Als ich mit dem Studium anfange, bin ich wirklich glücklich.

Ich bin von netten jungen Männern umgeben. Es ist eine ganze Clique. Wir gehen zusammen in Cafés, lachen, üben, quatschen stundenlang. Ich bin so gut wie nie zu Hause.

Ich spiele in vielen Kirchen und verdiene ein recht gutes Taschengeld. Ich bekomme auch ein Stipendium für gute Noten; *ich bin aber gar nicht so gut,* meine ich von mir.

Gehörbildung ist auf jeden Fall mein Schwachpunkt. Es gibt überhaupt kein System, jeder Lehrer macht das, was ihm gerade passt. Wer das absolute Gehör hat, hat ausgesorgt.

Später, als ich in Deutschland mit dem Studium anfange, habe ich mächtig Bammel vor diesem Fach. Der Lehrer ist sehr streng, aber der Unterricht beginnt mit … Intervalle hören.

Ich bin sehr verblüfft. Das gab es bei uns in der Musik-Grundschule.

Der Unterricht hat ein sehr hohes Tempo und ist sehr gut aufgebaut. Wer sich vorbereitet, hat keine beziehungsweise kaum Probleme.

Ich gehöre nach ein paar Wochen zu den Besten in der Gruppe.

So banal beginnt meine Liebe zu Deutschland … In Polen kann das keiner verstehen …

*

Ich bin im ersten Semester, da sehe ich auf einmal einen merkwürdigen Namen in der Tabelle für die Zuteilung der Räume mit den Orgeln zum Üben. Was für ein komischer Name, denke ich.

Wie spricht man den richtig aus?

Er ist bestimmt rothaarig und sommersprossig?

Etwa wie Boris Becker … So müssen die Deutschen aussehen. Denken die Polen.

Eines Tages, sehe ich einen neuen Studenten mit unserem Professor durch den Flur gehen.

Ein Bild für die Götter. Der Lehrer kugelrund, glatzköpfig und keine 160 cm groß und der Neue – schlank, fast zwei Meter lang. Fast um die Hälfte gebeugt, um sich unterhalten zu können.

Wenig später, in meiner Klavierstunde, geht die Tür auf und er kommt, begleitet von zwei Assistenten der Orgelabteilung, ins Zimmer. Es geht um seine Klavierstunde.

Meine Lehrerin spricht fließend Französisch. Ich finde es wunderbar, wie es klingt.

Und er kann es auch …

Damals in den Neunzigern werden Menschen mit Sprachkenntnissen in Polen wie Exoten behandelt.

Kaum jemand spricht Englisch oder Deutsch. Kaum jemand war im Ausland. Schon gar nicht im Westen.

Das denke aber nur ich, aufgrund meiner Herkunft. Meine Mutter lernte zwar Russisch und später in einem Abendkurs Französisch, sagte aber immer wieder zu mir – *Du bist, wie ich, sprachlich unbegabt ...* Und mein Vater glaubt bis heute nicht, dass ich das Ganze, was ich auf Deutsch lese, auch wirklich verstehe.

An der Hochschule sprechen alle Lehrer mindestens eine Fremdsprache. Das ist neu für mich. Ich möchte es auch können.

Alle sind wieder draußen; ich spiele weiter, finde aber in das Stück einfach nicht mehr rein ... Meine Lehrerin grinst sich einen ab und meinte – *Das liegt wohl an dem jungen Mann der gerade hier war, oder?* Vielleicht ...

Er ist sehr groß, schlank, hat sehr helle Haut und sehr dunkle, lockige Haare.

Hinter einer sehr schönen Brille blicken wache, sanfte, grau-braune Augen. Und er spricht mehrere Fremd-sprachen ...

Ich liebe große, sanfte Männer. Unter 1,80 m schaue ich keinen an. Und dazu noch diese Haare ...

Mein Vater ist grob, klein und dunkelblond.

26

Ich darf nicht schwimmen lernen. *Es gibt kein Gewässer in unserer Nähe,* sagen meine Eltern.

Als ich drei- bis vierjährig fast in einem Wäschebottich ertrinke, wird das für mich eine sehr starke Prägung im Umgang mit Gewässern überhaupt.

Ich werde diese Grundangst einfach nicht mehr los.

Es darf nie zu tief sein, und ich muss immer bis zum Boden durchsehen können.

Als aber das neue Schwimmbad öffnet und Schwimm-kurse angeboten werden, sind meine Eltern nicht zu überreden.

Da muss man sich ja ausziehen, und sie können doch auch nicht schwimmen und haben es bis jetzt überlebt.

Erst mit zwanzig, als ich mit meinen Freunden, nach bestandener Aufnahmeprüfung, Urlaub am See im Nordosten Polens mache, lerne ich die Grundzüge des Schwimmens.

Ein Freund hat viel Geduld mit mir, und seine Freundin hat nichts dagegen, dass er stundenlang mit mir im Wasser verbringt und wir uns körperlich sehr nahe sind. Wir kennen uns noch aus der Musikschule und mögen uns wirklich.

Er gibt nicht auf und macht mir Mut. *Das schaffst du locker* – sagt er – *glaub mir.*

Später studieren wir zusammen. Er fängt mit Orgel an, wird aber dann Sänger.

Wenn wir uns sehen, ist immer große Freude und gegenseitiges Verstehen da.

*

Wir bekommen ein Kälbchen. Es ist so schön. Schwarzweiß.

Mein Vater bindet es auf einem Kartoffelacker fest. Es soll das Gras und Unkraut vor der Kartoffelernte abfressen. Er bindet es ganz weit weg von zu Hause an.

Das Kälbchen blökt, fühlt sich alleine. Es hatte doch gerade bei seiner Mama trinken dürfen.

An einem spitzen Armierungsdraht (mein Vater nimmt ihn statt eines Metallpflocks) sticht es sich ein Auge aus. *Das ist nicht weiter schlimm, nur ein Schönheitsfehler,* sagt mein Vater.

Langsam wächst es zu einer jungen Kuh heran.

Eines Tages, meint mein Vater, ich solle doch, weil ich in den Ferien eh nichts zu tun habe und nur unnützes Zeug lese, mit dem Tier die Grasstreifen zwischen den Walnussbäumen abgrasen.

Ich schäme mich, dass mich meine Freunde bei der Tätigkeit sehen werden, es bleibt mir aber nichts anderes übrig. Widerrede wird nicht geduldet.

Das ist doch viel besser als wenn er das Gras sensen müsste, meint er.

Eines Tages gehen mit dem Tier die Hormone durch und es fängt an, plötzlich immer schneller zu laufen, überholt mich und am Ende zieht es mich schleifend über dem Boden, bis ich es loslassen muss, weil meine Kraft nicht mehr reicht, um es zu halten.

Ich bin völlig erschrocken, dreckig und verletzt an der ganzen Vorderseite meines Körpers.

Ich sehe, wie die Kuh über das Weizenfeld des Nachbars hin und her springt.

Da kommt auch schon die Nachbarin und schreit mich an, was ich denn für eine miserable Hüterin bin.

Es dauert lange, das Tier einzufangen. Endlich steht es schnaufend und völlig verschwitzt im Stall. Ich binde es an. Gehe einfach. Ich verstehe nicht, warum die Kuh das gemacht hat. Ich mochte sie und kannte sie von klein auf. Jetzt lasse ich sie einfach stehen. Ich bin sauer! Soll mein Vater sich in Zukunft um sie kümmern!

Später heißt es, da die Nachbarin ja alles weiter erzählt hatte, *ich hätte alles falsch gemacht.*

Wäre ich vorne gegangen, wäre nichts passiert. Das ist doch klar.

Ich tauge nicht einmal zum Kühe hüten.

Dass ich vor Schmerzen fast nicht gehen kann, weil die Hautoberfläche abgeschürft ist, sich entzündet und weh tut, interessiert keinen.

Wenn ich nicht denken kann, geschieht es mir recht – sagt mein Vater.

Die Ferien mit meinem Vater zu verbringen ist ein Albtraum. Er hat sehr oft schlechte Laune, und ich muss sehr darauf Acht geben, was ich sage und tue, um nicht gleich bestraft und geschlagen zu werden.

Manchmal ist das Rührei, das ich ihm zum Frühstück mache, zu fest, manchmal zu kalt.

Manchmal ist der Speck zu klein, manchmal zu grob geschnitten.

Ich weiß nicht, wie ich es ihm recht machen soll. Ich probiere es immer wieder. Aber schon akzeptiert und angenommen zu sein, würde meinen Durst nach seiner Liebe zumindest im Ansatz stillen. Manchmal habe ich das Gefühl, an einem ausgetrockneten Brunnen zu stehen … Nach einer langen Wanderung in der gleißenden Sonne …

Manchmal rufe ich ihn einfach im falschen Moment, um ihn zu sagen, dass das Essen fertig ist. Er ist dann erzürnt und braucht sehr lange, um sich zu beruhigen. Dann weiß ich: am besten nichts sagen. So habe ich eine Chance, den Schlägen zu entkommen.

Es gibt auch „gute" Tage, aber die kann ich nie vorausschauen. Er behauptet immer, dass ich daran schuld sei, wenn er mich schlägt.

Meiner Mutter verdanke ich, dass ich zu einem Ferienlager fahren darf. Obwohl mein Vater dagegen ist, meldet sie mich an. Sie kennt es aus ihrer Kindheit und hält es wegen der sozialen Kontakte zu anderen Kindern für wichtig. Ich kann dann drei Wochen lang aufatmen.

Dort kann ich wieder schwimmen lernen. Leider bekomme ich keinen Badeanzug eingepackt, obwohl er auf der Liste der Sachen, die benötigt werden, steht.

Ich fühle mich ausgeschlossen.

Sie sagt, *ich soll halt in der Unterhose schwimmen gehen, wenn es denn sein muss.* Das mache ich, aber ich fühle mich schlecht. Das Baumwollgewebe klebt nass an meinem Körper, und ich schäme mich. Die anderen Kinder haben alle Badeanzüge!

Auf meinen Bettelbrief hin schickt sie mir ein Päckchen. Darin ist kein Badeanzug, aber immerhin mein Rhythmik-Trikot. Langarmig. Schwarz.

Ich verstehe es nicht. Damals gab es Badeanzüge zu kaufen. Und meine Mutter konnte sehr gut nähen.

Andererseits, zu Hause im Sommer, darf ich und soll ich ohne ein Bikinioberteil sein, bis ich zehn bin. Ich mag es nicht. Ich schäme mich, da ich mich nicht mehr als Kind fühle. Ich sehe ja im Spiegel, dass mein Körper sich verändert und meine Brüste nicht mehr so flach sind.

Mein gleichaltriger Nachbar lacht mich deswegen aus.

Erst als ein Freund meines Vaters zu Besuch kommt und mich, die ich nackt in einer Wanne plansche, fragt, ob ich denn keinen Badeanzug hätte, bringt meine Mutter mir einen Bikini mit. Sie hat endlich einen gekauft. Gleichzeitig bekomme ich von einer Freundin meiner Eltern einen geschenkt. Es ist wie eine Erlösung.

Auf einem Ferienlager verletze ich mich an einer Colaflasche. Sie explodiert in meinen Händen, als ich sie versuche aufzumachen, und eine Scherbe springt mir ins Gesicht.

Sie verfehlt mein Auge gerade mal um zwei, drei Millimeter.

Das Blut rinnt in einem Strom über mein Gesicht. Ich sehe nichts mehr. Ich habe Angst, dass mein Auge verletzt ist. Mein Pullover und der Rock sind voller Blut.

Ich werde in einer Notaufnahme ohne Betäubung genäht. Alles schwillt ziemlich an, und ich sehe sehr beeindruckend aus.

Ein paar Tage später sehe ich meine Kleider draußen, auf einer Wäscheleine hängen. Ich gehe sie holen. Sie sind feucht und riechen nach Blut. Jemand hat sie mitgenommen und aufgehängt. Ich wasche sie. Das Wasser färbt sich rot.

Ein paar Tage später kommen meine Eltern zu Besuch.

Es ist mein erstes Ferienlager, und sie wollen sich überzeugen, wie es mir so geht. Sie erschrecken sehr, als sie mich sehen und wollen wissen was passiert ist. Ich erzähle die ganze Geschichte.

Eine Erzieherin wird von meiner Mutter befragt. Sie möchte wissen, ob auch alles so stimmt. Die junge Frau ist von mir auch sonst sehr begeistert und lobt mich, wie selbständig und lieb ich wäre.

Meine Mutter bezweifelt ihre Aussage. Sie meint zu mir – *Das sagt sie doch nur, weil sie Angst vor den Konsequenzen hat* und *sie kennt mich doch; du und brav, das ist ja was Neues.* Sie lächelt zwar dabei, aber ich spüre, wie sich alles in mir zusammenzieht.

Ich habe sogar mit 49 noch braunes Haar, selten schimmert ein helles durch. Meistens nicht grau, sondern blond. Meistens im Urlaub, von der Sonne aufgehellt.

Wenn wir meine Eltern besuchen oder meine Mutter zu uns kommt, wird das Thema Haare färben aufgeworfen.

Sie hat schon sehr früh graue Haare bekommen. Weil sie aber sehr dunkle Haare hatte, schaute es für mich immer recht schön aus, mit dem grau-weiß.

Als sie 50 Jahre alt wird, schaffe ich es, sie zu überreden, sich ihre langen Haare von mir schneiden zu lassen. Sie möchte nicht zum Frisör. Sie hatte bis jetzt nur einmal kurze Haare gehabt. Nach meiner Geburt.

Jetzt sagt sie – *Na gut, du Henker. Du lässt mich doch nicht in Ruhe.*

Ihre Freundinnen wollen gleich wissen, bei welchem Frisör sie denn war? Es schaute so fesch aus.

Seitdem bin ich der Hausfrisör.

Auch mein Mann möchte bis heute am liebsten von mir die Haare geschnitten bekommen.

Und ich werde auch bis heute verdächtigt, meine Haare heimlich zu färben. *Ich wolle es nur nicht zugeben. Das könne einfach nicht sein …*

Ich bin eine Frühgeburt.

Meine Mutter hat in der Schwangerschaft dauernd Angst, etwas falsch zu machen. Es gibt noch keinen Mutterschutz in Polen, und sie trägt schwer, traut sich aber nichts zu sagen.

An einem Abend bekommt sie vier Wochen zu früh Blutungen und Wehen.

Sie wird dann von unserem Nachbarn in ein Krankenhaus gebracht.

Sie liegt die ganze Nacht in den Wehen. Keiner schaut nach ihr.

Erst um sechs Uhr früh, als eine junge Ärztin zum Schichtwechsel kommt und zu ihr sagt – *wir müssen das Kind jetzt kriegen* – werde ich eine halbe Stunde später geboren.

Die Nabelschnur ist um meinen Hals gewickelt, und ich bin ganz blau.

Meine Mutter, völlig entkräftet, liegt unter der Sauerstoffmaske. Sie hat auch keine Milch für mich, und ich bekomme noch eine Bluttransfusion. Seitdem habe ich eine Narbe auf dem Kopf, die an ein durchbrechendes Horn erinnert. Ich werde von meinen Eltern oft daran erinnert – *es schaue wie das Hörnchen eines Teufels aus* – sagen sie. *Und ich bin doch einer.*

Wahrscheinlich werde ich auch Alkoholikerin, denn das Blut sei ja wahrscheinlich von einem Alkoholiker, sagen sie sehr oft. Sie meinen es lustig.

Meine Mutter erzählte mir aber später, dass sie das Blut gespendet hatte.

Ich bin nach der Geburt wenig vital und will nichts essen. Das erzählte die Kinderärztin meiner besorgten Mutter. In seiner Ratlosigkeit ordnet der Leiter der pädiatrischen Abteilung eine Rosskur an.

Ich bekomme drei bis vier Tropfen Cognac verabreicht. Mit einer Pipette auf die Zunge. Das schmeckt mir wohl so gut, dass ich daraufhin einen sehr großen Hunger entwickle. Jetzt ist alles klar – *Alkohol wird mein Leben bestimmen.*

Diese Geschichte höre ich unzählige Male. Es ist doch lustig und erklärt allen meine unangepasste Art.

Nach einem Monat kommen wir nach Hause. Die Wochen bis dahin verbringe ich im Brutkasten.

Kaum Körperkontakt.

Meinen Vater sehe ich da wohl zum ersten Mal. Er durfte auch meine Mutter nicht besuchen.

Sie haben sich heimlich, über eine Krankenschwester, Briefe bringen lassen.

Er erzählte mir später, dass meine Mutter keine Kinder mehr haben wollte. *Sie hat sich nicht mehr anfassen lassen.* Die Geburt musste wohl sehr traumatisch gewesen sein. Es war entwürdigend, von einem jungen, schlecht gelaunten Arzt untersucht zu werden. Als er kurz unter das Laken schaute, sagte er nur – *Was, noch nicht rasiert?*

Und eine Hebamme, die die Gebärenden mitten in einer Wehe anbrüllte – *Nicht schreien! Als du vor neun Monaten gegeben hast, da hast du nicht geschrien!*

Das Thema Kinder ist für sie vorerst erledigt, obwohl sie immer wieder darauf angesprochen wird. *Nein, das Ganze noch einmal – nie mehr. Und dann noch einmal so eine Plage wie dich?*

Als ich vielleicht vierjährig zu meinem Namenstag eine Puppe mit Bettchen, Milchflasche und Babysachen geschenkt bekomme, steht plötzlich meine Großmutter neben mir und sagt in Anwesenheit meiner Mutter – *Ich soll meiner Mama sagen, sie soll sich doch endlich um ein echtes Baby bemühen.* Dann geht sie wieder. Meine Mutter ist sehr geknickt.

Als ich zehn bin, sagt wiederum meine andere Großmutter, ich soll feste beten. Dann kommt ein Geschwisterchen. *Du willst doch ein Brüderchen?* – fragt sie – *dann muss du feste beten, dass der liebe Gott dir eins gibt.*

Damals glaube ich, dass Beten etwas mit Kinder kriegen zu tun hat. Ich knie stundenlang vor einem Marienbild.

Meine Mutter sagt mir immer wieder – *sie hätte es nur für mich getan und dieses Opfer gebracht.*

Diese Schmerzen ertragen. Nur für mich.

Und ich sei ja so undankbar und wisse es nicht zu schätzen.

Sie hätte mir auch den Kopf abreißen können, wie viele es getan hätten oder hätten tun lassen. Aber wenn sie gewusst hätte, was aus mir wird …

Das gleiche sagt mein Vater immer wieder.

An der Mauer erschlagen, Hals umdrehen, Kopf abreißen, im Wasser ersäufen … Angenommen und geliebt werden fühlt sich anders an …

Mit der Zeit entwickle ich eine große Zuneigung zu Familienmitgliedern. Meistens zu welchen, die weitläufiger verwandt sind, oder zu Freunden der Familie, von denen ich mich angenommen fühle und die mir Zuneigung entgegenbringen.

Das entgeht meinen Eltern nicht. Sie sind darüber immer wieder sehr verärgert.

Ich respektiere sie nicht genug und breche das vierte Gebot – „Du sollst den Vater und die Mutter ehren".

Man muss die Hand lieben, die einen bestraft. Wer seine Kinder liebt, züchtigt sie. Das wiederholen sie immer wieder.

Und wie sagt das polnische Sprichwort? *Da wo Mutter und Vater schlagen, da setzt man zu …* Redewendungen meiner Kindheit.

Es hat dir noch nie geschadet, das sieht man … Dafür, was du für ein Verrecker am Anfang warst, bist du doch ganz schön proper geworden.

Dir ist schon klar, dass wir dir dadurch unsere Zuwendung zeigen. Je mehr du geschlagen wirst, umso mehr lieben wir dich …

Und das alles glaube ich noch. Bis heute.

*

Meine Oma erzählt mir, dass der Opa sich mit dem mittleren Sohn geprügelt hatte.

Mit Metallketten, die eigentlich für das Weiden der Kühe gedacht waren.

Ich musste es nicht mitansehen.

Das was sie erzählt, ist schon schlimm genug für die Ohren eines Kindes.

Oma weint, und ich höre die Ratlosigkeit und Verzweiflung in ihrer Stimme.

Der Mittlere hat ein Alkoholproblem, und das war wohl ein Versuch, ihn auf die richtige Bahn zu lenken und zur Vernunft zu bringen.

29

Mit vierzehn fange ich in der Kirche mit Orgelspielen an. Mein Großvater geht zum neuen Pfarrer und erzählt ihm, dass seine Enkeltochter Klavier spielt.

Zwei Tage später hält ein dunkelroter Toyota vor dem Haus.

Ein junger, energischer Mann mit schicken hellen Hosen und mit schütterem Haar steigt aus.

Mein Vater begrüßt ihn überschwänglich und führt ihn ins Haus und dort gleich in mein Zimmer. Darin steht eine elektronische Orgel, die später in eine Orgel mit echtem Pedal umgebaut wird. So muss ich mich im Winter nicht immer in die kalte Kirche begeben und bin unabhängig vom guten Willen der Pfarrer.

Jetzt ist unser Priester Feuer und Flamme, und ich soll doch am besten gleich am nächsten Samstag im Gottesdienst spielen. Er ist sehr begeistert und feuert mich an, immer wieder was Neues auszuprobieren. Ich soll zuerst nur Lieder spielen und keine Liturgie. Er möchte, dass ich erst alles in Ruhe lerne. Am Anfang werde ich dafür noch nicht bezahlt, doch ein paar Monate später gibt es das erste Honorar.

Der Pfarrer ist 38 Jahre alt, und in den nächsten drei Jahren wird er mein Ziehvater, Seelentröster, Begleiter in allen Angelegenheiten des Lebens.

Auch die sehr intimen Dinge kann ich mit ihm besprechen.

Wir verstehen uns sehr gut, und er hat offensichtlich viel Gespür für meine seelische Not.

Wir reden nonstop, und ich verbringe sehr viel Zeit bei ihm. Manchmal sitzen wir nur da.

Er schreibt. Ich lese. Es riecht so gut bei ihm zu Hause. Auch seine Mutter ist manchmal da, und wir bekommen dann leckere Sachen serviert. Ich fahre mit ihm oft zu den Gottesdiensten in anderen Orten. Er vertritt manchmal Pfarrerkollegen. Und wir besuchen auch seine Familie.

Ich fühle mich so geborgen bei ihm. Ich weiß nicht was ich ihm bedeute. Ein Kindersatz, eine kleine Schwester … ? Er ist 24 Jahre älter. Ich finde ihn toll. So einen Vater hätte ich gerne … Drei Jahre später muss er gehen, wegen einer Frauengeschichte. Keiner weiß etwas Genaues, aber die Leute im Ort reden.

Wieder zwei Jahre später kommt er zu Besuch. Ich öffne ihm die Tür, wir umarmen uns sehr herzlich, sehr lange. Mein Kopf liegt an seiner Brust. Er riecht wie immer. So vertraut …

Er schiebt mich weg von sich, schaut mich an und meint – *Mein Gott, du bist jetzt eine Frau geworden … es ist besser, dass ich nicht mehr hier bin, sonst wäre es aus mit meinem Keuschheitsgelübde …*

Ich bin erstaunt, dass er das sagt. Er hat sich überhaupt nicht verändert. Nur die Haare sind etwas weniger geworden. Seine sehr gerade Nase, seine hohe Stirn und seine wunderschönen Hände sind gleich geblieben, aber ich schaue ihn jetzt mit anderen Augen an …

Als ich damals mit dem Orgelspielen anfange, habe ich auch wirklich viel Geld und koste alle die verbotenen Dinge aus: Cola, Pommes, Hot Dogs, Make-up, Café-besuche und Essengehen gehören dazu.

Ich kaufe mir auch Kleidung und Schuhe. Meine Mutter ist meistens am Meckern. Ihr gefällt nicht, was ich kaufe, sie lässt mich aber machen, weil ich sie außer dem Essen, wenn ich da bin, kein Geld mehr koste.

Ich wohne noch zu Hause, bin aber eigentlich dort nur in meinem Zimmer oder zum Üben. Sport machen ist nicht angesagt. Nichts für Mädchen, und zum Tanzkurs darf ich mich auch nicht anmelden.

Meine Freundinnen lassen sich Auftrittskleider nähen und gehen zu einer Tanzschule in der Großstadt. Sie werden einmal in der Woche von einem der Eltern abgeholt und nach Hause gebracht.

Hinzu fahren sie alleine.

Meine Eltern hätten mich also gar nicht so oft abholen müssen. Das war auch ein Argument gegen das Tanzen. Es ging ihnen aber eigentlich darum, dass ich mit jungen

Männern in Berührung komme, und da hätten sie keine Kontrolle gehabt.

Somit bleibe ich freitags immer zu Hause und grolle vor mich hin.

Ich will nicht immer ein Außenseiter sein. Ich habe es satt!!

Apropos satt …

Mein Vater isst wie ein Schwein. Ich kann es bis heute nicht ausstehen. Ich kann es nicht sehen.

Ich kann es nicht hören.

Er schaufelt das Essen in sich hinein, als wenn es um sein Überleben gehen würde. Er schmatzt und schlürft. Sein Mund immer auf der Tellerhöhe. Es ist eklig!!!

Ich habe mich immer dafür geschämt, wenn wir Besuch hatten. Meine Mutter wechselte immer vielsagende Blicke mit mir.

Unsere Versuche, ihm Essmanieren beizubringen, lehnte er ab mit der Begründung, dass bei ihm zu Hause so gegessen wurde und nur der satt werden konnte, der schnell genug war.

Später war an seinem Ess-Stil das Rheuma schuld. *Er konnte das Handgelenk nicht in eine bestimmte Richtung drehen.*

Komischerweise war das beim Schlagen kein Hindernis …

Als ich meinen Freund das erste Mal essen sehe, geht mir das Herz auf.

Jemand der so schön, entspannt, gepflegt und gleichzeitig so genussvoll isst, kann doch kein schlechter Mensch sein. Und er kann auch noch so fantastisch kochen …

Er kennt so viele Gerichte, die mir völlig fremd sind – Spaghetti Carbonara, Coq au Vin … Da werden Sehnsüchte wach …

Ich möchte diese Länder bereisen, wo es dieses Essen gibt …

Ich will die Menschen dort kennen lernen …

30

Ich bin sehr freigiebig. Ich teile gerne, ich lade gerne ein.

Ob Bücher, Süßigkeiten, Spiele, Schulsachen, Kleidung. Ich gebe es gerne weiter.

Einmal klingelt ein *Zigeunermädchen* an unserer Tür. Sie hat Hunger und braucht dringend Schuhe.

Das sind wirklich noch Zeiten, wo Kinder Hunger haben.

Ich darf eigentlich niemanden reinlassen, und schon gar keine *Zigeuner*.

Ich gehe runter in die Wirtschaftsküche, während das Mädchen brav an der Türschwelle wartet. Dort steht ein Tisch, mit einem Zwischenboden. Auf ihm werden alte Schuhe gesammelt. Getragen werden sie nicht mehr, weil sie aber teuer oder schön waren oder beides, heben meine Eltern sie trotzdem auf. Wegwerfen oder weitergeben kennen sie nicht.

Nur meine Sachen, Spielzeug, Schuhe, Kleidung werden in der Familie weitergereicht.

Sie haben von mir fast nichts aufgehoben. Nur das, was kaputt war und keiner haben wollte. Keine Kleidchen oder Strampler. Meine Mutter hat sie selber genäht. Bestickt oder mit Applikationen versehen.

Heute ist das Haus voll mit alten Sachen: Kleidung, alte Zeitungen, Papiere.

Sie sammeln alles.

Es gibt für uns dort keinen Platz, wenn wir zu Besuch sind. Alles ist belegt.

Meine Mutter meinte neulich – *das mit dem Übernachten würde schon gehen, irgendwie … wir müssen halt nur friedlich miteinander auskommen.*

Wir mieten uns ein Appartement an und kommen nur für ein paar Stunden.

Die Kinder spielen draußen mit den Hundewelpen. Die Hühner laufen vor uns weg. Auch die Ziegen. Verstört. Wir wollen auch möglichst schnell weg.

Ich bekomme dort keine Luft. Panik ergreift mich.

Das *Zigeunermädchen* bekommt von mir einfache Segeltuchschuhe. Es soll ja nicht auffallen, dass etwas fehlt. Meine Mutter putzt auch unten regelmäßig und sieht alles.

Das Mädchen ist sehr dankbar, lächelt. Sie zieht die Schuhe auch gleich an und geht weiter zu unserer Nachbarin.

Ich nehme jetzt ihre Füße zum ersten Mal war – rot, angeschlagen, mit Schwellungen, entzündet.

Ich sehe sie, als sie auf dem Rückweg mit einer ordentlichen Brotscheibe, dick belegt, an unserem Haus vorbeigeht. Sie winkt mir zu, lächelt und wirkt sehr zufrieden.

Kurze Zeit später fragt mich meine Mutter tatsächlich nach den Schuhen.

Ich stelle mich dumm und sage, dass ich keine Ahnung habe, welche Schuhe sie denn meint.

Ich weiß, wenn ich mit der Wahrheit herausrücke gibt es Ärger …

Ich habe ja jemandem die Tür aufgemacht.

Ich gehe, klein, vielleicht fünf Jahre alt, zu meinem Opa. Er arbeitet auf einem Erdbeerfeld. Ich habe gerade gefrühstückt und frage ihn, ob er auch schon etwas gegessen hätte. Er richtet sich auf, lächelt und meint – *Das ist aber schön, dass du mich danach fragst.* Nein, er hatte noch nichts gegessen.

Ich frage ihn, ob ich ihm etwas zu essen bringen soll? *Nein*, sagt er.

Er geht mit mir ins Haus und macht sich alleine was zum Essen. Wir reden die ganze Zeit miteinander. Ich mag ihn.

Meine Eltern finden meine Freigiebigkeit inakzeptabel. Wie kann man nur so sein und Dinge einfach hergeben?

Mir macht es Freude, andere glücklich zu sehen. Geben ist schön.

Sie versuchen es mir beizubringen, berechnend zu sein. Es wird dauernd gegengerechnet. *Ich soll immer schauen, was ich davon habe, wenn ich etwas hergebe oder tue.*

Bis heute gibt es darüber Diskussionen.

Wir besuchen meine Tante, und ich bringe natürlich Kleinigkeiten wie Kaffee oder Pralinen mit. Meine Mutter fragt grundsätzlich, warum ich denn so viel gebe und warum ich nicht den „polnischen" Kaffee kaufe. *Die hat genug* – sagt sie abfällig.

Ich kann nicht berechnend sein. Wenn jemand Hunger hat, bekommt er zu essen.

Wenn ich bei jemandem Trauer oder Verzweiflung spüre, den möchte ich trösten.

Ich kann es nicht gut, habe ich selber kaum gelernt.

Wenn ich krank wurde, musste ich mich erst mal dafür rechtfertigen, wie es denn zu dieser Krankheit kam. Wer war denn daran schuld? Was habe ich falsch gemacht? Man kann nicht einfach so krank werden.

Ich hatte alles.

Orangen, Medikamente, später einen Fernseher im Zimmer – alles Dinge, die damals nicht selbstverständlich waren.

Abends, wenn meine Mutter von der Arbeit gekommen ist, fragte sie mich immer – *Na, was macht die Kranke?* Auch – *ob ich etwas brauchen würde?*

Nein. Ich hatte alles …

Manchmal setzte sie sich kurz in einen Sessel in meinem Zimmer. Erzählte von ihrem Tag. Das mochte ich sehr.

Aber sie küsste mich nie zu Begrüßung. Sie streichelte mich nie im Gesicht. Sie berührte mich nie. Höchstens schaute sie nach, ob ich gut zugedeckt war.

Ich erinnere mich an meinen Vater, der an meinem Bett kniet. Das Fieber will nicht runter gehen. Er macht sich Sorgen. Die Medikamente wirken nicht.

Ich soll keinen Quatsch machen – sagt er besorgt.

Ich habe so eine Sehnsucht, nach Angefasst werden. Liebevoll. Vielleicht nur an der Hand halten.

Er kann es nicht. Hatte es auch selber nie erlebt.

Später denke ich, dass mein Bedürfnis nach Nähe nicht normal sei. Ich sei nicht normal …

Sie rechnen und vergleichen bis heute. Was haben sie gegeben. Wie hat sich derjenige bedankt? Hat es sich gelohnt, war es wert, es zu kaufen?

Als mein geliebter Onkel zu Besuch kommt – ich bin selber zufälligerweise auch gerade bei meinen Eltern – biete ich ihm Pralinen an, die ich mitgebracht habe. Er greift beherzt zu.

Nachdem er wieder geht, entsteht ein Rieseneklat.

Wie ich denn dazu komme, ihm die teuren deutschen Pralinen anzubieten.

Meine Eltern denken wie bei einer Beichte. Für diese Sünde gibt es drei „Ave Maria", und für jene fünf „Vater unser". Dann ist man quitt.

Mit Gebet und Absolution kann man alles kaufen. Auch Seelenfrieden.

Für schlimme Fälle gibt es den Ablass, bei einer Kirchweihe zu erwerben. Mit Beichte und Geld.

31

Ich habe immer Angst. Schon als Kleinkind. Vor Männern aus meiner nahen Verwandtschaft.

Vor meinem Vater, vor den Großvätern, Onkels. Aber auch vor fremden Männern.

Aufbrausend, grobschlächtig, unberechenbar.

Schlagend, drohend, verletzend.

Entweder haben sie mir etwas angetan, oder ich habe sie bei Taten erlebt und gesehen, die mir Angst gemacht haben. Oder ich hörte, was sie sagten und kannte Geschichten über sie. Brutal, jähzornig, unnahbar.

Ich sehe mich draußen. Ich gehe Richtung Haus. Mein Vater zieht aus einen Stapel mit Dachstuhlaufbauten, die noch dort übrig liegen, einen dünnen Stock, eher eine Peitsche aus Holz und zieht mir damit über die Beine. Ich weiß nicht warum. War ich zu langsam oder zu schnell? Habe ich etwas gesagt … ? Weiß ich nicht mehr. Ich will meine Beine schützen. Umarme sie mit den Armen. Er schlägt mich weiter. Mein Gesicht und Kopf bekommt auch etwas ab, obwohl ich versuche mich mit den Armen und Händen zu bedecken. Irgendwann wirft er den Stock auf die Hundehütte und meint dann – *Ich muss mir solche Äste überall hinlegen, dann hab ich sie immer zur Hand, wenn ich sie brauche.* Er grinst wieder.

Am nächsten Tag gehe ich in die Schule. Im Gesicht habe ich rote Striemen. Mein Vater sagt sowas wie – *er wollte mich eigentlich nur am Körper erwischen. Da sieht man es nicht so.*

Ich höre so etwas wie Bedauern in seiner Stimme.

32

Ich möchte Orgelspielen lernen.

Eine Klavierlehrerin, eine Bekannte meiner Mutter, meint, ich solle doch am besten einem Orgellehrer vorspielen. Sie kenne da jemanden.

Ich gehe mit meiner Mutter hin. Er lässt sich etwas von Bach vorspielen und schaut sich meine Hände an. *Nicht sehr groß* – sagt er – *aber beweglich. Und du willst wirklich Orgel spielen lernen?*

Er hält meine Hand in seinen Händen. Sie sind warm. Angenehm. Ich finde es außergewöhnlich, dass er sie so lange hält. Ich lasse es aber zu. Meine Mutter steht daneben und findet das offensichtlich in Ordnung.

Ich mache die Aufnahmeprüfung und bestehe sie auch. Jetzt bin ich am Musikgymnasium.

Später treffe ich diesen Lehrer wieder. Er ist traurig, dass ich nicht seine Schülerin geworden bin.

Er unterrichtet an der Musikschule zweiten Grades. Es ist auch eine weiterführende Musikschule.

Ich wollte aber ans Gymnasium.

Er sagt immer wieder – *Ich habe deine blauen Augen entdeckt* – Ich verstehe nicht, was er damit sagen will. Er hält mich wieder an der Hand. Streichelt sie. Jetzt bin ich alleine mit ihm.

Im Studium begegne ich ihm wieder. Da weiß ich aber Bescheid. Er probiert an jeder Studentin seinen Charme aus. Sie haben mich vorgewarnt.

Ich gehe in den Unterricht. Er freut sich sehr, mich wiederzusehen. Es gibt gerade drei Orgelstudentinnen.

Eines Tages, ich komme schwarz-rot gekleidet, sitzt er sehr nah und legt mir seine linke Hand auf meinen Oberschenkel. Er reibt sie hin und her. Sehr leicht, fast zart. Eigentlich schön. Ich mag ihn, da er mich schon immer bestätigte und mein Vorhaben, Orgel zu studieren, unterstützte.

Er schaut mich an und meint – *Wenn ich dich so sehe, da werden alle Kräfte in mir wach.*

Er macht nichts weiter, und ich weiß von anderen Studentinnen, dass er eigentlich als „unschädlich" gilt. Welche ihre Ruhe haben will, soll sich ihm einfach auf dem Schoß setzen. Sagen sie. Dann verliert er gänzlich das Interesse.

Mein Orgellehrer ist dafür aus ganz anderem Holz geschnitzt. Er geht immer aufs Ganze.

Seine Ehe ist kurz vor der Scheidung. Seine Frau ist mit dem dritten Kind schwanger.

Er ist gerade zehn Jahre älter als ich.

Und er lässt mich in Ruhe!

Er klopft zwar den Rhythmus grundsätzlich auf meinem BH-Verschluss oder BH-Träger, aber ansonsten sind wir Kumpels. Später, da sind wir Freunde und er steckt wieder in der nächsten Ehekrise, sagt er zu mir – *Du wolltest einfach Musik machen. Ich konnte bei dir nicht landen.*

Und wenn man deinen Mann so anschaut, ich war eh nicht dein Typ.

Stimmt. Ich muss lachen. Klein, blond, krumme Beine. Aber sehr charmant, und diese Wimpern … Und dabei hatte ich gedacht, mit mir stimmt etwas nicht …

33

Ich sitze in unserem Keller auf einer Apfelkiste. Das Licht geht aus. Nach einer Weile wieder an.

Mein Vater ist sehr stolz, diesen Keller zu haben.

Dort ist es immer etwas feucht und kühl. Er ist sehr gut geeignet, um Gemüse und Obst aufzubewahren. Auch Eingemachtes und Konserven werden dort gelagert.

Meine Großeltern mütterlicherseits haben auch so einen Kartoffelkeller. Dort riecht es immer nach Moder, und es gibt auch kein elektrisches Licht. Oma hat immer Kerzen dabei.

Draußen gibt es noch einen Halberdkeller. Dort trinke ich im Sommer immer Himbeersprudel mit meinem Groß-vater. Es schmeckt so gut.

Die anderen Großeltern haben drei Kellerräume. Der mittlere gehört zu unserer Wohnung.

Auf der rechten Seite steht der Brotbackofen, und links wird geschlachtet, Würste gemacht, dann im Ofen geräuchert. Es riecht lecker.

In unserem Keller dort wird Heizkohle gelagert, und dort steht auch ein Regal mit Konfitüren. Das Licht ist schwach. Warum werden Kellerräume immer mit den schwächsten Glühbirnen beleuchtet?

Mein Vater will mir jetzt „nur" zeigen, was man mit ungehorsamen Kindern tut.

Er lässt mich in den Keller hinuntersteigen, macht die Deckenluke zu und geht.

Er macht auch das Licht aus. Aber nur kurz.

Ich bin fast neugierig, wie das ist, im Keller zu sitzen. Habe aber Angst vor der Dunkelheit. Dort gibt es Mäuse. Und es ist kalt.

Es tut aber naicht weh. Und das ist auf jeden Fall besser als geschlagen werden, als auf den Bohnen knien. Da dauert es auch etwas, bis es weh tut … Es ist berechenbarer.

Und diese Schmerzen erträglicher.

Mein Vater kommt wieder. Ich sehe mich die Leiter hochklettern, das Licht ist an.

Mein Vater steht oben bei der Bodenklappe und sagt – *Na, hast du jetzt gemerkt, wie das ist, wenn man da unten sitzt?*

Ich muss öfter mal etwas aus dem Keller holen und habe immer Angst, dass die Deckenluke zufällt und ich nicht mehr rauskommen werde. Das ist meiner Mutter schon passiert, und sie ist erwachsen.

Sie hatte nicht genug Kraft gehabt, um die Luke zu heben.

Ich könnte natürlich auch durch den Einwurfschacht herausklettern. Bin noch klein genug. Aber das Gitter müsste geöffnet sein.

Eine Maus läuft die Wand hoch. Ich habe Angst. Mein Vater schlägt nach ihr mit einer Schaufel. Sie ist tot. Er flucht.

*

Ich sitze am Tisch in der Küche. Lese, schreibe oder esse.

Der Weg am Tisch vorbei führt in die Speisekammer. Wenn meine Mutter vorbei geht, bohrt sie mir immer wieder ihren von Natur aus gebogenen Zeigefinger in den Rücken.

Setz dich gerade! – sagt sie.

Später beim Orgelspielen tut mir genau diese Stelle weh …

Ich muss auch immer wieder mit einem Besenstiel, eingeklemmt zwischen meine Arme und meinem Rücken, sitzen. Sie wollen mir zeigen, wie man das früher gemacht hatte. *Heute gibt es das nicht mehr. Die früher, die wussten, was gut war.*

Ich soll mich gerade halten und meinen Hals lang strecken.

Ich bin doch mütterlicherseits adliger Herkunft, da soll ich doch bitte mich dementsprechend gebärden.

Das „Aufrechtsitzen" fühlt sich so fremd an. Das bin ich nicht. Davon bekomme ich nur Rückenschmerzen.

Tiere müssen auch erzogen werden.

Immer, wenn eine Katze oder ein Hund sich ihrer Notdurft in der Wohnung entledigt, wird es am Nacken gepackt und mit seiner Schnauze in seine eigenen Hinterlassenschaften getunkt.

Immer und immer wieder. Das nennt man Erziehung zur Sauberkeit.

Ich habe in meinem ersten Lebensjahr eine Kinderfrau.

Meine Oma, Vaters Mutter, will keine Kinder hüten, und meine Eltern sind gezwungen, jemanden zu holen. Meine Mutter muss arbeiten, wenn sie ihre Arbeitsstelle behalten will.

Ich habe eine rotblau karierte Hose an. Sehr weich und flauschig, trage wohl aber keine Windel mehr ...

So erzieht man Kinder zum „Sauberwerden". Einfach keine Windel anziehen und nur oft auf ein Töpfchen setzen.

Daran denkt aber die „Njanja" wohl nicht, und es kommt, wie es kommen muss: Ich mache in die Hose.

Sie macht einen großen Aufstand, holt einen großen emaillierten Bottich und wäscht die Hose aus.

Sie hebt sie immer wieder hoch und meint – *Schau mal, was du gemacht hast, schau mal ...*

Sie ist sauer, weil sie den Dreck weg machen muss, sonst gibt es Flecken und dann gibt es Ärger mit meiner Mutter.

Ich sehe, wie sie die Hose hoch hält. Stehe etwas ratlos daneben und höre wie sie sagt – *Du sollst dich schämen, was du angestellt hast.*

Ich halte meinen Bären vor mir. Bin nackt. Sie hat mir noch nichts anderes angezogen. Vergessen oder zur Strafe?

Ich sei wohl nicht richtig ...

Später wird diese Geschichte bei allen Familientreffen erzählt. Zur Belustigung.

Ich lache mit, aber in der Tiefe meiner Seele und meines Herzens schäme ich mich. Jedes Mal.

*

Ich und mein Vater gehen in unser Kloster. Viele Eltern sind da. Mein Vater begleitet mich. Heute werden die Erstkommunionsbücher überreicht.

Ich bin selig. Ein Buch. Zwar ein Gebetbuch, aber eins mit schönen Bildern und Geschichten drinnen. Und es riecht dazu noch so gut. Nach Druckerfarbe und nach Leder.

Meine Begeisterung ist mir anzusehen. Ich habe ein breites Grinsen im Gesicht und kann es leider nicht rechtzeitig unterdrücken. Mein Vater ist sichtlich verärgert und sagt mir – *ob ich mich denn nicht benehmen könne. Ob ich denn nicht wüsste, wo ich bin* ... Er drückt mich in die Bank.

Meine Mutter ist auch unzufrieden. Das Buch passt ja nicht in meine Handtasche. Es hat Übergröße.

Ich brauche also noch eine neue Tasche zusätzlich zu den Kosten für die Kommunionsfeier. Ich sehe schon im Geiste eine schöne neue Ledertasche. Meine jetzige schaut schon wirklich mitgenommen aus.

Meine Mutter häkelt mir eine blaue Tasche. Sie schaut schön aus, und keiner hat so eine.

Ich bin wieder jemand Besonderes, unter der ganzen Kinderschar.

Ein paar Wochen später gehen wir zu einer Prozession. Alle Kinder tragen die gleichen weiß-gelben Fahnen. Meine Mutter nähte mir zu Hause eine weiß-blaue. Mit einem Marienbild darauf.

Zu Hause gab es auch keine passende Stange.

Ich nehme die, die da ist. Sie ist viel zu kurz, und ich muss mich mächtig strecken, um sie auf der gleichen Höhe zu halten, wie die der anderen Kinder. *Sowas hat nicht jeder* – sagen meine Eltern.

Das stimmt. Sowas hat keiner.

*

Auch dieses Mal bin ich mit meinem Vater unterwegs. Er soll mich zu einer Veranstaltung der Arbeit meiner Mutter bringen. Es ist Fasching.

Dort gibt es schöne Verkleidungen, Papierblumen, Kränze ...

Ich kenne dort niemanden. Meine Mutter muss arbeiten, und mein Vater soll mich einfach abliefern. Ich weine und möchte dort nicht alleine bleiben. Die Erzieherin kommt und möchte mich zu den anderen Kindern bringen. Sie ist sehr nett.

Mein Vater schaut mich herausfordernd an, und seine Hand drückt meine so zusammen, dass sie völlig gequetscht wird.

Es tut sehr weh, und ich weine noch mehr. Ich muss dort bleiben.

*

Ich gehe zu unserem Grundstück. Mein Vater ist alleine und versorgt die Tiere, die dort schon untergebracht sind. Der Großvater möchte nicht, dass sie länger bei ihm bleiben.

Damals ist Kleintierhaltung unentbehrlich. Es gibt fast nie Fleisch zu kaufen, und wenn, muss man stundenlang anstehen und bekommt am Ende womöglich nichts.

Ich habe eine Idee und möchte meinen Vater überraschen. Ich mache belegte Brote, packe sie in eine Pralinenschachtel und in eine leere Maggiflasche gieße ich Fruchtsaft.

Er hat doch bestimmt Hunger und ist dort allein – denke ich.

Beim Brote schneiden trenne ich mir fast vollständig die Kuppe des linken Zeigefingers ab.

Es blutet zwar, aber ich versorge mich mit einem Papiertaschentuch. Die Kuppe hängt an einem Hautfetzen von meinem Finger herunter.

Mein Vater ist wirklich gerührt und setzt sich zum Essen sogar hin. Das Getränk schmeckt zwar etwas salzig, aber es ist nicht schlimm. Ich wusste nicht, dass ich die Flasche hätte ausspülen müssen.

Er unterbricht seine Arbeit und geht mit mir nach Hause. Er sagt zu mir, dass er die Fingerkuppe abschneiden muss und dass es nicht wehtun würde. Es hat ja schon ausgeblutet.

Es tut tatsächlich nicht weh. Er macht es mit einer Nagelschere und umwickelt meinen Finger mit einem Verband.

Er nimmt mich jetzt mit, und ich darf zusammen mit ihm auf das zu deckende Dach des neuen Hauses hinaufgehen. Er zieht mich an einer dicken Schnur durch die Dachluke herauf, und ich darf zusammen mit ihm die

Nägel anbringen. Die Bretter werden zuerst mit Pappe abgedeckt.

Es macht Spaß. Ich springe von einer Holzstütze zur nächsten. Für einen Erwachsenen sind es große Schritte. Ich muss springen.

Zum Glück passiert mir nichts. Ich hätte mir auch sämtliche Knochen brechen können.

Im besten Fall.

Es gibt keinerlei Möglichkeiten sich festzuhalten. Das Haus ist zweieinhalb Stockwerke hoch, und wir sind auf dem Dach.

Abends erzählt mein Vater, was ich alles kann und was wir zusammen gemacht haben.

Meine Mutter ist alles andere als begeistert.

Sie bewundert mich zwar für das, was ich zustande gebracht habe, meinem Vater wird aber ordentlich die Meinung gegeigt.

Was hätte alles passieren können? Sie ist doch das einzige Kind in der Familie, und *Bist du noch bei Trost?*

Ich darf zwar später noch etliche Male aufs Dach – das Hämmern hat wirklich Spaß gemacht – werde aber mit einer Schnur angebunden, über die ich immer stolpere.

Zu gleicher Zeit mache ich mit meinem Vater einen Ausflug. Ich weiß es nicht, wo genau wir hinfahren, kann mich aber erinnern, dass er mir ein Steckspiel kauft. Ich liebe dieses Spiel und mache es zu Hause stundenlang. Da gibt es so schöne Vorlagen, und ich kann auch meine eigenen Muster erfinden.

Mein Vater trifft in dem Laden einen Bekannten. Sie gehen raus, bleiben an einer Brücke stehen und unterhalten sich. Wir sind an einem Fluss.

Mein Vater stellt mich auf einem Brückenpfeiler. Ich sehe das Wasser in der Sonne schimmern.

Sehr tief unter mir. Das schaut zwar sehr schön aus, aber ich habe Angst da so alleine zu stehen. *Er soll mich runter nehmen* – sage ich, doch mein Vater will es nicht. *So lange er sich unterhält, soll ich oben stehen.*

Ich weine. Widerwillig nimmt er mich herunter. *Du bist doch eine Schisse ...* – sagt er.

Es ist ihm peinlich vor dem Bekannten, dass ich Angst habe.

*

Mein Vater züchtet Bisamratten.

In erster Linie für Pelze. Das Fleisch ist aber so schmackhaft, dass er daraus Würste und Fleischkonserven macht. Es schmeckt wie Wildfleisch.

Er ist sehr stolz, als meine Mutter einen schönen, dunkelbraunen Pelz mit einem goldenen Schimmer trägt.

Die „Damen" im Ort sind sichtlich in Aufruhr. Das war auch der Zweck, den mein Vater erreichen wollte.

Es gibt die ersten Bestellungen. Er gefällt sich in der Rolle des „Geschäftsmannes".

Der Pelzmantel meiner Mutter wird schnell verkauft. Sie bekommt ja bald einen neuen und trägt ihn wieder zur Schau. Sie möchte meinem Vater gefallen, ist auch sichtlich stolz auf ihn.

Im Herbst, wenn das Fell am schönsten ist, wird geschlachtet.

Die Nutrias liegen im Keller, in einer Reihe übereinander gestapelt. Oft zwanzig, dreißig Stück auf einmal.

Ich soll etwas aus dem Keller holen. Ich gehe die Treppe herunter und an den Tierleichen vorbei, als sich plötzlich eines der Tiere bewegt und auf mich losgeht. Ich springe zurück auf die Stufen, und das Tier bewegt sich immer noch.

Als ich es meinem Vater vom Balkon aus zurufe, meint er nur – *Na, ja, er hat es wahrscheinlich zu schwach erwischt, und ich soll mich nicht so anstellen ... ist ja nichts passiert.*

Die Tiere verfügen über ein sehr kräftiges Gebiss, und er wurde schon des Öfteren gebissen. Ihre Vorderzähne sind denen der Biber sehr ähnlich und brauchen dauernd frisches Holz und Äste, um sich abzureiben. Die Wunden, die von diesen Beißwerkzeugen entstehen, sind sehr tief, scharfkantig und heilen nicht gut.

Ansonsten sind die Tierchen sehr zahm. Nur wenn die Mütter ihre Jungen hüten, kommt es zu solchen Vorfällen. Auch die alten Männchen sind nicht ungefährlich. Sie werden immer getrennt gehalten.

Ich bekomme meinen eigenen Käfig mit einer Nutriafamilie. Ich darf sie selber pflegen. Wasser wechseln. Füttern. Das macht Spaß. Ich schaue ihnen sehr gerne zu.

Es sind sehr reinliche Tiere. Brauchen jeden Tag frisches Wasser. Ihr Futter halten sie immer mit den Vorderpfoten und essen es immer im Wasser. Besonders die Kleinen sind schön anzusehen.

Ich setze mich oft zu ihnen in den Käfig herein. Sie kommen zu mir, setzten sich in meine Nähe. Wir beobachten uns gegenseitig.

Eines Tages bekomme ich meine eigene Pelzjacke. Mein Vater findet sie todschick.

Bernsteinfarben.

Ich finde das Gelb scheußlich, trage es aber notgedrungen. Sonst müsste ich mir wieder die Litanei von der Dankbarkeit anhören … Ich will für ihn kein Mannequin sein.

Ich bin, ganz im Geiste der Zeit, gegen Pelzindustrie und Pelztierhaltung.

Ich versuche es meinem Vater zu erklären. Er antwortet – *Warum, ist doch ganz ökologisch.*

Etwas Strom und das Tier ist tot.

Auf meine Frage, ob er die Tiere zum Essen braucht, um zu überleben, wirkt er nachdenklich. Immerhin etwas. Er ist nicht gleich auf Hundertachtzig.

34

Ich gehe zur Messe. Meine langen Haare wehen im Wind. Sie sind frisch gewaschen und durch das abendliche Einflechten sehr wellig. Schimmern in der Frühjahrssonne.

Sie werden nur oben am Kopf von einer Spange zusammengehalten.

Ich finde mich schön und werde von vielen angesprochen, wie toll denn meine Haare heute wären.

Ich genieße es.

Das war aber auch das letzte Mal, dass ich sie offen tragen durfte.

Meine Eltern bekommen mit, dass ich gelobt wurde, und ich soll sie doch in Zukunft wieder zusammenbinden.

Ich soll ja nicht eingebildet sein oder verhätschelt werden.

Eigentlich will ich schon immer einen Pony tragen. Das darf ich aber auch nicht.

Bei einem Mädchen muss man ja die reine Stirn sehen.

Etwas später stehe ich im Bad, vor dem Spiegelschrank. In der rechten Hand halte ich eine Schere.

Ich schaue meine Mutter herausfordernd an und sage – *Jetzt schneide ich sie ab!*

Sie schreit – *Tu das nicht!! Ich hole den Papa!!!*

Doch die Haare liegen schon im Waschbecken … Jetzt habe ich doch einen Pony!!

*

Ich stehe mit meinen gleichaltrigen Freundinnen und Kumpels unter einem Baum auf dem Kirchplatz. Es zieht uns nicht wirklich in die Kirche.

Wir werden aber schon alle reingehen, wenn der Gottesdienst beginnt. Jetzt läuten noch nicht einmal die Glocken.

So langsam wird es dunkel. Wir erzählen uns Witze, lachen. Sind fröhlich und ausgelassen.

Auf einmal huscht ein Schatten um mich herum und ein plötzlicher Schlag trifft mich ins Gesicht. So stark, dass ich das Gleichgewicht verliere. Ich taumle zu Seite.

Mein Vater glaubt, mich auf diese Weise zum Gang in die Kirche motivieren zu können.

Er zerrt mich am Arm, ich stolpere, er schubst mich.

Ich werde dir schon zeigen, wo dein Platz ist – zischt er zwischen den zusammengepressten Lippen.

Er macht es nicht nur zu Hause, sondern markiert den starken Mann auch vor meinen Freunden!

Ich hasse ihn dafür!! Wie stehe ich jetzt bloß da?

Sie grinsen und glucksen vor sich hin.

Ich bin zum Gespött meiner ganzen Clique geworden und muss mir immer wieder anhören, was ich denn für einen lieben Papi habe.

Was denken wohl die Jungs?

Geht man so mit Mädchen und Frauen um?

Das ist wohl normal. Katholisch. Ich kenne es nicht anders.

Sind geschlagene Mädchen die guten, braven Ehefrauen?

Werden später diese jungen Männer so mit ihren Frauen und Töchtern umgehen?

Es macht mich wütend!!! Ich weiß aber nicht, was und wie ich es verändern kann.

Eines Tages stolpere ich zufällig über ein Buch der polnischen Pädagogin und Kinderrechtlerin Dr. Maria Lopatkowa. Sie beschreibt Schicksale der Kinder, die meinem ähnlich sind. Hinten im Buch finde ich Adressen, wohin man sich wenden könnte, um der Gewalt zu entkommen.

Es ist ein Trost zu wissen, wo ich hingehen könnte, wenn es unerträglich wird.

Mit etwa 16-17 Jahren bin ich nicht wirklich gut in der Schule. Ich liebe nur Orgel und Biologie.

Meine Mutter lässt von einer befreundeten Ärztin ein „Beruhigungsmittel" für mich verschreiben.

Ich soll es einfach nehmen. Ohne Diagnose. Einfach auf Verdacht.

Ich bin halt schwierig. Nicht so leicht zu handhaben. Sie werden mir helfen.

Ich nehme es immer wieder, spüre aber keine große Wirkung.

Eines Abends nehme ich eine große Menge ein. Ich will es ausprobieren, wie es sein wird.

Vielleicht nicht mehr da sein müssen. Entkommen. Weg sein.

Ich kann ja sonst zu niemanden gehen und schaffe es nicht, mich an jemanden außerhalb der Familie zu wenden.

Meine Eltern sind doch im Recht. Das sagen sie mir immer wieder. Ich bin nicht richtig. Es sind meine Eltern. Ich kann es ihnen nicht antun.

Danach bin ich nur etwas betäubt und bekomme nicht alles mit. Alles ist so weit weg.

Ich kann mich fast nicht bewegen. Keiner bekommt es mit. Ich wäre einfach eingeschlafen.

35

In Polen wird in jedem zweiten Satz der Ausdruck – *Wunden Gottes*, *Bittere Wunden*, *Geliebte Wunden* gebraucht.

Vergleichbar vielleicht mit dem fränkischen *Allmächt* oder *Um Himmels willen*.

Es sei eine Sünde, so oft den Namen Gottes anzurufen und zu missbrauchen. Trotzdem tun es alle.

Auch kleine Kinder werden mit diesem Ausdrücken schon von klein auf angesprochen, allerdings etwas verniedlicht und in einer Kindersprache, zum Beispiel *Oh, bittere Wunden, bist du aber süß.*

Auch Verärgerung (*Wunden Gottes, was für ein Depp!*), Unverständnis, Bewunderung werden so unterstrichen. Paradox.

In meinen ersten 21 Lebensjahren in Polen bin ich nie in den Arm genommen worden, bis auf die üblichen Begrüßungs-, Abschieds- und Besuchsrituale … Nie …

Nicht von meinen Eltern und von niemandem aus meiner Familie. Nur aus Liebe … weil es mich gibt.

Das tat man nicht. Das war nicht erwünscht. Nicht üblich. Vielleicht nicht normal.

Ich nehme meine Kinder manchmal mehrmals täglich in den Arm.

Ich umarme und liebkose meinen Mann. Inzwischen habe ich mir eine Ersatzfamilie zusammengesucht. Da ist Umarmen, Halten und Lieben normal.

Es ist mir ein Bedürfnis, körperliche Nähe zu fühlen. Es tut einfach gut. Und es heilt die Wunden der Kindheit und der Jugend.

Bittere Wunden …

Unsere Hunde haben mir mehr Wärme und Zuneigung gegeben als meine Eltern in all den Jahren.

*

Eines Abends, es ist schon Abend und mein Vater hat sich schon auf das Sofa in der Essküche hingelegt, sagt meine Mutter, ich soll doch zu ihr kommen.

Sie zeigt mir einen weißen Umschlag und fragt mich, ob ich denn weiß, was er beinhaltet? Ich lese die Anschrift. Ich kann schon lesen – „An die Besserungsanstalt". Es folgte dann die genaue Adresse.

Ich frage etwas verwundert, was das ist?

Dort kommst du hin, wenn du dich weiter so benehmen wirst – sie schaut mich direkt an und ist sehr ernst. *Du bist ein unmögliches Kind.*

Ich bin sehr lebendig, spontan, energisch, lebensfroh, ehrlich, liebend.

Ich will alles versprechen. Ich will da nicht hin! Ich habe Angst!!

Du sollst zu deinem Papa gehen und dich entschuldigen, sagt sie.

Ich gehe zu meinem Vater, knie mich bei ihm hin und frage leise, ob er schläft.

Ich entschuldige mich für alles, weiß aber nicht, was ich getan haben soll. Was war unpassend?

Ja ... ich war vielleicht etwas wild oder stur ... Ich weiß es nicht mehr ...

Er murmelt etwas von – *wir werden mal darüber nachdenken und schauen dann morgen weiter ...*

Er lässt mich in der Ungewissheit stehen ... Ich bin wie gelähmt ... Ich habe Angst!!!

Was wird denn werden, wenn sie es doch tun? Wenn sie mich von hier wegbringen?

Ich will nicht weg von hier, von meinen Eltern, von zu Hause.

Ich kenne solche Anstalten für schwer erziehbare Kinder. Meine Eltern erzählen immer wieder davon. Manchmal gehen wir an solchen Einrichtungen vorbei.

Dann sagen sie immer, *dort sind die ungehorsamen Kinder.*

Sie werden mich weggeben. Das sagen sie immer wieder.

Auch immer wieder – *Wir werden dich in dem Dampf-garer kochen, wir werden dich im Ofen braten, ein Zigeuner kommt und nimmt dich mit.*

Meine Mutter schaut mich an. Ihr Mund lächelt kaum merklich. Schaut weg von mir. Sie hält den Brief in den Händen.

Sie ist zufrieden mit sich.

Das Kind ist für zwei Tage brav.

36

Ich soll immer aufrecht gehen. Meinen Hals strecken. Der wird dadurch länger – Schwanenhals sagt meine Mutter, das schaut so edel aus. Ich soll meine Stirn nicht runzeln – sie hätte ja selber schon solche Falten.

Und wenn ich keinen Pony tragen würde, müsste ich mehr daran denken, meine Stirn glatt zu ziehen.

Nur eine glatte, hohe Stirn ist schön und edel. Ein Schönheitsideal. Menschen mit hoher Stirn sind intelligent, sagt man in Polen.

Ich soll auch ein Stirnband tragen. Nachts. Meine Ohren liegen nicht an.

Mein Vater zeigt mir, wie ich schlafen soll, um meine Ohren besser anliegend zu machen.

Das Gehen muss auch besser werden. Meine Fußspitzen sollen immer nach außen zeigen.

Und was machen wir mit der rechten Hüfte, die immer zu hoch ist?

Mit dem Entenpopo, mit der krummen Wirbelsäule? Am besten Korsage tragen.

Gott sei Dank ist der Arzt anderer Meinung. Er sagt – *Alles in Ordnung, eine Wirbelsäule ist immer krumm.*

Meine Nase ist eine typische slawische Stupsnase.

Eine gebogene Adlernase wäre schöner als so eine, aber immerhin ist sie kleiner als die in der Familie übliche.

Es gibt wenig an mir, was „richtig" geraten ist. Vielleicht meine Haare …

Meine Hände sind zu klein und überhaupt nicht adlig. Meine Schultern könnten die eines Mannes sein. Ich bin nicht feingliedrig genug. Mein Mund könnte größer sein und meine Augen dunkler. Meine Fußfesseln sind zu kräftig, ich soll schöner laufen, graziler. Mit Anmut.

Sogar die Form des Busens meiner Mutter ist schöner.

Pech … da kann ich mir aber wirklich nichts mehr abschauen …

Ich liebe meinen Busen. Auch nach 49 Jahren und zwei voll gestillten Kindern.

Und bis jetzt hat keiner an ihm was auszusetzen gehabt.

Meine Mutter sagt immer wieder, auch heute noch, *ob und warum ich denn einen BH tragen würde?*

Ohne ist doch viel bequemer, meint sie.

Meine Eltern haben mich nicht mehr nackt gesehen, seit ich zehn bin. Woher wollen sie denn wissen, was für meinen Körper gut ist?

Du kommst doch aus einem Adelsgeschlecht und bist keine Bauerntochter …

Mit der Zeit werden, was sie sagen, auch meine „Wahrheiten" und Glaubenssätze …

Ich sei nicht richtig, obwohl optisch das Abbild meiner Eltern. Zu 100%.

Ich soll anders stehen, gehen, sprechen, schauen.

Ich habe nie das Gefühl, angenommen und geliebt zu sein.

Wenn, dann muss ich es mir verdienen – durch Tun, nicht durch Sein.

Damals wie heute.

Sie sagen nichts mehr. Sie schauen sich nur an. Sie schauen mich an. Verstohlen.

Hinter unserem Rücken wird getuschelt.

Sie gehen zusammen ins Schlafzimmer, um sich zu besprechen und eine neue „Taktik" zu erarbeiten.

Ich kann mich inzwischen wehren. Habe ich lange lernen müssen. Nächstes Jahr werde ich 50. In einem der letzten Telefonate mit meiner Mutter höre ich – *und ich kann dir nur empfehlen, hänge dich bei deinen Kindern und deinem Mann ja nicht so rein. Du siehst ja selber, was dabei rauskommt.*

Zum ersten Mal in meinem Leben bleibe ich in dieser Situation ruhig und antworte ihr – *Ob, wie, mit wem, wie viel und wie oft ich mich bei jemanden hereinhänge, ist alleine meine Entscheidung.*

Sie wirft den Hörer meinem Vater in die Hand und verschwindet.

Ein Arzt sagte vor Kurzem zu mir – *Ich gratuliere Ihnen. Jetzt sind Sie erwachsen. Manche ... schaffen es ihr Leben lang nicht ...*

In Deutschland angekommen gehöre ich bald zur Familie meines Mannes. Sie schätzen sehr meine zupackende Art, Dinge anzugehen und zu benennen. Mein Schwiegergroßvater begrüßt mich auf Polnisch. Völlig akzentfrei.

Ich wundere mich. Später erfahre ich, dass er in Polen geboren wurde. Wir mögen uns sehr, und er hat endlich jemanden, mit dem er sein Polnisch auffrischen kann.

Die Großmutter ist eher skeptisch. Wir werden oft eingeladen. Meistens zum Abendessen.

Mein zukünftiger Mann ist ihr Lieblingsenkel. Sagt man in der Familie.

Als ich einmal mit den Großeltern alleine am Tisch sitze, sagt sie – *Keiner soll sich einbilden, nur weil er in einem Pferdestall lebt, wäre er auch ein Pferd.*

Ich verstehe sehr gut, was sie sagt.

Ich brauche etwas, bis ich es verdaut habe.

Ich bin kein Pferd. Vielleicht gerade mal ein Esel.

Mein Freund wird von einem Onkel auf die Seite genommen, als es klar wird, dass es da eine polnische Freundin gibt.

Aber du machst doch dem Mädchen Hoffnungen? – sagt der Onkel. *Nein –* lautet die Antwort *– ich mache mir Hoffnungen.*

Für die kleinen Geschwister werde ich ein Familienmitglied. Vielleicht etwas klarer, vielleicht etwas strenger, als sie es aus ihrer Familie kennen.

Der Jüngste braucht etwas länger, um mich zu akzeptieren. Ich nehme ihm ja seinen „Ersatzpapi" weg. Die beiden Brüder sind 19 Jahre auseinander, und mein Freund übernimmt oft die Rolle des Vaters, der viel arbeitet und wenig zu Hause ist.

Vor einiger Zeit sagte er, dass Klarheit in der Kindererziehung wichtig wäre. Auch etwas Strenge. Jetzt ist er selber Vater. Sehr liebevoll, und von der Strenge ist nichts zu merken …

37

Ich lerne wirklich erst mit meinem Mann das Schwimmen. Das mittlere Becken im Schwimmbad ist nicht so tief, und ich traue mich, nach seiner Anweisung auf das Wasser zu legen. Er sagt – *das wird mich sicher tragen.* Das tue ich und gehe unter. Erst als ich im nicht ganz so tiefen Bereich den Boden mit den Händen berühren kann, bin ich in der Lage, mich treiben zu lassen und erlebe endlich, wie es sich anfühlt, auf dem Wasser zu liegen. Schwerelos ... Glücklich ... Wie verliebt sein ...

Im Sommer fahren wir nach Dänemark. Ich bin das erste Mal an der Nordsee. Ich lege mich wieder ins Wasser und lasse mich an den Wellen entlang treiben.

Eine Großtante, die Schwester der Großmutter meines Freundes ist sehr begeistert.

Sie findet es wirklich toll, dass ich nie aufgegeben habe. Ich mag sie sehr. Sie kommt immer wieder auf mich zu, so liebevoll und warmherzig. Wir verstehen uns auf Anhieb. Verwandte Seelen.

*

Wir gehen mit meiner Tochter, sie ist gerade anderthalb Jahre alt, in ein Naturschwimmbad. Meine Mutter ist zu Besuch. Ihr gefällt unsere Idee mit dem Schwimmen nicht wirklich. Wir feierten am Tag davor den Geburtstag meines Mannes. *Es gibt doch genug zu tun, so mitten unter der Woche,* sagt sie etwas verstimmt. Er konnte einen Urlaubstag bekommen.

Im Schwimmbad angekommen, tunkt sie immerhin ihre Füße ins Wasser des Kinderschwimmbeckens. Es ist sehr kalt und erfrischend. Es kommt ja direkt aus dem Felsen.

Ich gehe in das große Becken. Ich sehe, wie sie sich immer wieder umdreht und mir nachschaut. Ich sehe in ihren Augen nicht nur Missbilligung, sondern auch Zweifel, ob ich denn wirklich schwimmen kann.

Sie sieht mich wieder etwas tun, was sie nicht kann … Was denkt sie … ?

Einmal sagt sie, da bin ich wieder zu Besuch – *Die Oma sagte immer zu mir, ich soll in der Ecke stehen. Man wird mich schon finden.*

Den Spruch kenne ich auch.

Einer der Lieblingssprüche meiner Großmutter.

Und du, du scherst dich nicht drum – sagt meine Mutter weiter – *du gehst und machst. Deinen Willen habe ich nie gehabt.* Sie sagt zu mir, *ihre Mutter hätte sie falsch erzogen.*

Meine Mutter ist auch diejenige, die, nachdem meine Tochter geboren war, mich immer wieder fragt, ob ich stillen kann?

Ihr hat man damals gesagt, sie hätte keine Milch. Sie hat nicht widersprochen.

Ich wurde nur zum Zeigen gebracht. Dass es mich gibt.

Meine Hebamme meinte, ich soll mich doch im Krankenhaus anmelden, da es immer wieder vorkommt, dass die
Mütter nicht genug Milch haben. Ich hätte genug für vier,
sagt sie.

Meine Mutter fragt damals in jedem Gespräch – *ob ich
noch stille und wie lange ich das noch tun wolle? Es reicht
doch langsam ... Man solle die Kinder doch nicht so
verwöhnen und ihnen jeden Wunsch von den Augen
ablesen. Aber ... das sind halt andere Zeiten,* sagt sie
resigniert. So etwas kann nur eine Frau sagen, die nie
gestillt hatte oder stillen wollte.

Wer einmal, auch Väter, dieses urvertraute, innige
Gefühl erlebte, ein Kind in den Armen zu halten, in seine
Augen zu schauen, seine absolute Hilflosigkeit erfuhr,
aber gleichzeitig von diesem unglaublich großen Gefühl
der Liebe, das einem entgegenströmt, berührt wurde,
würde Stillen nie in Frage stellen.

38

Ich fliehe vor meinem Vater. Schnell die Treppe hoch. Ich höre seine Schritte hinter mir.

Er nimmt zwei Stufen auf einmal. Ich weiß nicht mehr, was er sagt, ich weiß nicht, was passiert ist.

Ich will zu meiner Mutter. Sie wird mir helfen ... Ich reiße die Tür von der Wohnung auf. Sie kommt mir entgegen. Nur noch einen Schritt und ich bin in Sicherheit!!!

Mami, Mami, hilf mir!!!

Sie streckt ihre Hände nach mir aus. Von meinem Vater trennen mich nur noch ein paar Schritte.

Ich spüre, wie sie nach mir greift und mir einen Stoß gibt ...

Ich fühle viel Kraft und Schwung in dieser Geste. Sie presst ihre Lippen aufeinander. Ihre großen, blauen Augen schauen mich nicht direkt an. Nur meinen Körper. Ich falle meinem Vater in die Arme ...

Ich liege wieder auf dem Boden. Es gibt kein Entkommen. Der Gürtel saust durch die Luft.

Noch mal, noch mal und noch mal!!!

Die Schnalle hinterlässt blaue, rote, graue Abdrücke. Ich sehe sie wochenlang auf meinen Beinen, meinen Armen. Der Rücken tut wieder weh.

Dass du dir das merkst, ein für alle Male!! Du Missgeburt …!

Ich liege neben dem Wäschekorb im Flur. Ich habe den Geruch der Weiden in der Nase. Ich kann nicht mehr atmen. Mein Herz schlägt wild vor Angst. Meine Finger und Hände sind angeschwollen. Ich versuche meinen Kopf und mein Gesicht zu schützen. Ich kann mich nicht mehr bewegen. Alles tut weh.

Ich krieche in mein Zimmer. Lege mich auf mein Bett. Umarme mich selber und weine.

Meistens lässt er mich dann für ein paar Tage in Ruhe. *Man soll die Kinder nicht so verwöhnen …*

39

Wir fahren zu meinen Großeltern. Alle zusammen gehen wir zur Messe. Wie ganz viele bleibe ich mit meinem Freund im Kirchhof stehen. Dort ist es schattig, und es weht ein angenehmer Wind. Die Messe wird über Lautsprecher nach draußen übertragen. Alle im Umkreis von mindestens 100 Metern müssen es mitbekommen. Ob sie wollen oder nicht.

Später wieder, bei meiner Großmutter, ruft sie mich zu sich. Wir sind alleine. *Du weißt schon, wo du hinkommst, wenn du den heiratest?* – fragt sie.

In ihrer Stimme höre ich eine Drohung, keine Sorge.

Ich weiß nicht, was ich darauf antworten soll. Ich weiche aus.

Meine Großväter mögen meinen Freund sehr. Sie denken meistens an die materielle Sicherheit.

Mein Vater schlägt mich das letzte Mal. Wir sprechen kein Wort mehr miteinander. Tagelang. Ich kann dort nicht mehr leben.

Ich packe meine Sachen, als meine Mutter reinkommt und mich drohend zur Vernunft bringen möchte.

Du wirst es bereuen, das wirst du schon noch sehen. Er wird dir einen Tritt geben, wenn er merkt, was du für eine bist. Dann nimmt dich hier keiner. Womöglich mit Kind!

Du hast dich mit einem Deutschen eingelassen! Überlege dir das gut, was du machst.

Es ist 1990.

Sie vermutet, dass ich schwanger bin und nach Deutschland in eine Abtreibungsklinik fahre. Das passiert momentan dauernd in unserem Umkreis. Ganz viele junge Frauen werden schwanger, treiben ab, oder bekommen das Kind und sind manchmal erst mit fünfzehn Jahren von ihren Eltern komplett abhängig.

Auch mein Vater meint — *Wenn ich denn meinen Freund schon so liebe, soll ich mir doch ein Kind von ihm machen lassen; sie werden es für mich großziehen, und wenn ich wieder komme, werde ich nicht alleine sein.*

Wir werden ja nicht ewig leben ... und ... *Liebe vergeht.* Sagt mein Vater.

Ich bin sprachlos und so verletzt.

In dieser Zeit weine ich viel. Bin innerlich sehr zerrissen. Ist meine Entscheidung wirklich richtig?

An der Hochschule verliere ich alle meine „Freunde". Die jungen Frauen gehen ein vor Neid.

Mein Freund schaut nicht gerade unattraktiv aus. Und er muss doch reich sein. Ein Deutscher muss einfach reich sein. So denken alle dort.

Vor meinen Augen versuchen sie mit ihm anzubändeln. Auf die billigste Art und Weise. Die Röcke werden kürzer. Die Ausschnitte tiefer. Das Make-up kräftiger und das Parfüm aufdringlicher.

Die jungen Männer sagen – ich höre es selber im Vorbeigehen, sie meinen ich höre es nicht – *Das ist die deutsche Hure … hat ihre Beine breit gemacht und der Reiche hat angebissen …*

Sogar mein geliebter Orgellehrer spart nicht in meiner Anwesenheit mit süffisanten Bemerkungen.

Nur mein Freund hält in dieser Zeit zu mir.

Sein Professor nimmt ihn eines Tages auf die Seite und sagt klar und deutlich – *Schau, dass du sie mitnimmst und dass ihr hier wegkommt. Ihr werdet in Polen nicht glücklich werden. In Deutschland sind die Leute einfach anders gestrickt. Das wollte ich dir gesagt haben.*

Er muss das Ganze mitbekommen haben …

Er lebt nicht mehr.

Er war immer sehr streng und unnahbar, und wir hatten immer sehr viel Respekt vor ihm gehabt.

Mich mochte er offensichtlich.

Ich war auch die einzige der Orgelstudentinnen, die ein zartes Lächeln auf sein Gesicht zaubern konnte. Sonst sah man ihn nie einen Mundwinkel verziehen.

Ich hatte keine Angst vor ihm.

Wir fahren also nach Deutschland. Es sind Semesterferien.

Wir kommen auch wieder zurück, wohnen aber zur Miete, bis mein Freund seinen Magister macht.

Meine Eltern denken, wir sind in Deutschland.

Ich komme immer mit, mache aber ein Urlaubssemester.

Ich kann nicht mehr Orgel spielen. Ich leide sehr darunter. Die Rückenschmerzen sind unerträglich. Ich bin wie erstarrt.

Mein Vater hängt meine kleine rosa Unterhose an die Antenne seines Radios. Er sagt – *Das sollen sich alle anschauen, wie sauber du bist.*

Ich fühle mich beschämt und erniedrigt.

Er zieht die Antenne in ihrer ganzen Länge aus.

Später sagt er immer wieder (da bin ich schon acht) – *Gehe ins Bad* (die Kloschüssel steht auch dort) *und unterhalte dich mit deiner Sch…, du bist ja genauso schlau wie deine Hinterlassenschaften.*

Es ist so entwürdigend. Er will mich genauso tunken wie Hunde und Katzen.

Meine Großmutter fragt mich, als ich wieder zu Besuch bin, ob ich denn einen Unterrock tragen würde. Ich kenne zwar dieses Kleidungsstück, habe es aber nie tragen müssen. Meine Mutter zieht es immer wieder an. So hat man ihr das beigebracht. Die Zeiten der 70er und 80er Jahre kennen aber nur Polyester und Nylon. Es fühlt sich auf der Haut nicht gut an.

Die Großmutter meint – *Die anständigen Frauen tragen Unterröcke, und ich soll doch unbedingt bald damit anfangen.*

Meine Mutter bringt ein Kleid nach Hause. Sie wollte es eigentlich nur für sich kaufen, es steht ihr aber nicht wirklich. Ich ziehe es an, und mein Vater schaut mich dann anerkennend an.

Er meint – *Behalte es. Dir steht es. Das ist was für dich.*

Der Blick meiner Mutter sagt Bände. Sie ist neidisch auf mich und sehr verletzt.

Später sind wir in der Stadt. Ich habe dort in einer Kirche in der Altstadt einen Gottesdienst gespielt. Auf dem Heimweg gehe ich etwas von meinen Eltern entfernt. Mein Vater schaut mich anerkennend an. Er möchte sich mir eigentlich anschließen.

Meine Mutter bleibt hinter uns. Beleidigt und verstimmt. Auf wen ist sie mehr sauer? Auf mich, oder auf meinen Vater?

Meine Mutter fragt mich wiederum fünfzehn Jahre später, ob ich denn überhaupt Röcke tragen würde. *Das ist doch das passende Kleidungsstück für eine Frau; ich sehe, dass du nur Hosen trägst …*

Sie findet offensichtlich meine eng anliegende Jeans zu aufreizend. Es scheint sie zu stören, wenn fremde Männer mir, einer verheirateten Frau mit Kindern, nachschauen.

Mein Vater findet das durchaus gut.

Ich hätte ja noch eine Chance, einen abzukriegen, wenn ich nach Polen zurückkäme.

Auch mit Kindern. Auch wenn es deutsche Kinder sind. Die müsse man halt umerziehen und richtig taufen.

Er kennt da einen Pfarrer.

Es bleibt ein Dauerthema.

Jede auch so kleine Verstimmung zwischen mir und meinem Mann wird als potentielle Chance für eine Scheidung gesehen.

Mein Vetter wird mir empfohlen. Er ist auf das deutsch-polnisches Scheidungsrecht spezialisiert, hat schon viele Ehen beraten und ihre Scheidung betreut.

Was denkt er bloß über meine Eltern? Mein Lieblings-onkel war sein Vater …

42

Ich laufe vor meinem Vater weg. Er ganz dicht hinter mir her. Alle paar Schritte schlägt er mit der Hand oder mit den Arbeitshandschuhen zu.

Ich wollte zu ihm und kletterte über das Tor im Garten meiner Großeltern. Ich musste es oben öffnen und hätte mich verletzen können.

Aus Angst vor meinem Vater und seinen Schlägen steige ich wieder auf das Tor. Ich bin wohl so schnell, dass er mich doch nicht mehr zu fassen bekommt. Mein Vater schreit mir drohend hinterher. Ich weiß nicht mehr, was dann passiert ... die Erinnerung ist weg ...

*

Bevor wir nach Deutschland gehen, möchte ich das Geld von meinem Konto holen.

Ich möchte zumindest etwas für den Anfang haben.

Mit Auflösung des Kontos werden auch alle Vollmachten gelöscht.

Mein Vater geht auch am gleichen Tag zur Bank, der Zugriff auf mein Konto wird ihm aber verweigert.

Meine Mutter ruft nur seinen Namen ins Wohnzimmer, als wir wieder nach Hause kommen.

Er schlägt mit voller Kraft.

Mein Freund steht daneben.

Völlig fassungslos. Er ruft immer wieder – *Aufhören, bitte! Aufhören!! Bitte!!!*

Er traut sich wohl nicht, dazwischen zu gehen. So etwas hat er noch nie erlebt. Er weiß nicht, was er tun soll.

Ich sage zu ihm, er soll rausgehen. Es sind nicht nur die Schmerzen. Das Beschämtsein, durch meinen Vater, tut mindestens genauso weh.

Mein Vater ist außer sich. Jetzt, vor meinem zukünftigen Mann, muss er zeigen, was er kann.

Dieses Mal gelingt es mir zum ersten Mal, seine Hände festzuhalten und seine Finger zu verbiegen.

Ich will, dass es ihm weh tut, dass er aufschreit und zu Boden geht.

Ich drücke mit meiner ganzen Kraft, mit dem ganzen Hass und Abscheu.

Er lässt immerhin etwas ab von mir, und ich kann mich in meinem Zimmer hinter der Tür verbarrikadieren. Er schlägt mehrmals gegen die Tür. Nachdem er aber merkt, dass er nicht reinkommt, geht er. Er brüllt weiter in der Küche, beruhigt sich dann aber allmählich. Mein Freund kommt zu mir, völlig verstört.

Ich bin außer mir. Zittere, schluchze.

Es ist aber auch ein gutes Gefühl dabei.

Ich brauche niemanden, um mich zu wehren. Jetzt habe ich selber genug Kraft.

Als wir wieder zu Besuch kommen (meine Mutter vermittelt und droht mir mit der Sünde und Gottes Strafe), gehe ich ins Wohnzimmer, ihn zu begrüßen.

Er ist depressiv geworden.

Er liegt auf dem Sofa. Es ist schon dunkel.

Ich beuge mich zu ihm herunter. Ich weiß nicht, ob er doch vielleicht schläft und will ihn nicht erschrecken.

Papi, ich bin es, sage ich leise.

Er dreht sich plötzlich zu mir, greift mir um den Hals und zieht mich mit seiner ganzen Kraft zu sich.

Mein Kind, geliebtes – flüstert er.

Sonst nichts.

Ich bin bewegt, ihn nach längerer Zeit wieder zu sehen, aber diese Umarmung, gegen meinen Willen, kann nichts wiedergutmachen.

Nichts kann es wieder gut machen.

43

Mein Sohn lernt gerade Gehen. Meine Mutter ist erneut zu Besuch.

Gleich am ersten Abend, wir sind gerade dabei, es uns gemütlich zu machen, stellt sie unvermittelt eine Frage … Sie möchte wissen, wo denn unsere Kinder nach der Scheidung hinkommen werden? Ich und mein Mann schauen uns an, sind etwas verwirrt. Wie kommt sie denn darauf?

Später erfahre ich aus den Medien von einem deutsch-polnischen Ehepaar.

Die Mutter ist alkoholabhängig und lebt wieder in Polen. Die Kinder werden dem Vater zugesprochen, und als deutsche Staatsbürger können sie natürlich in Deutschland leben.

Die Mutter versuchte die Kinder zu sich zu holen. Das Ganze ging durch die Medien. Besonders der polnisch-katholische Sender hetzte gegen die Deutschen und die deutsche Rechtsprechung. Daher wohl die Frage. Dieses Medium wird von meinen Eltern täglich und stundenlang gehört.

Während ihres Aufenthaltes fragt meine Mutter uns immer wieder, warum wir denn kein „Radio Maria" hören würden und kein „TV Polonia" anschauen. *Das sind doch die ehrlichen Medien*, sagt sie. *Da erfährt man alles … Der Papa würde uns das sogar finanzieren …*

Sie will wissen, warum ich hier in Deutschland nicht in eine echte, also polnische Kirche gehe? Wenn schon mein Mann ein Häretiker ist, da muss ich mich umso mehr um das Seelenheil meiner Kinder bemühen. Und natürlich um meins.

Meine Tochter, damals vier oder fünf, fragt mich nach drei Tagen – *Mama, wann geht die wieder?*

Wir müssen noch zehn Tage durchhalten.

Meine Mutter versucht, meiner Tochter das polnische „Engelsgebet" beizubringen, auch das „Ave Maria". Sie gibt ihr Heiligenbilder mit der Bemerkung – *Hier hast du so was nicht …*

Sie mischt sich ein.

Die Wände wären so leer bei uns. Warum haben wir den keine Heiligenbilder angebracht? Wir könnten gerne welche von ihnen bekommen.

Ich liebe weiße, leere Wände. Sie lassen mir Platz zum Denken und Atmen.

Meine Dekorationen sind eher dezent und sollen im Raum nicht dominieren. Ich liebe freie und lichtdurchflutete Räume.

Anders bei meinen Eltern. Dort ist jede Ecke zugestellt.

Hier, in unserem Haus, verschiebt sie immer wieder die Teppiche und rückt sie nach ihrem Gutdünken zurecht.

Eines Tages halte ich es nicht mehr aus und weise sie zurecht.

Mir platzt regelrecht der Kragen.

Sie ist eingeschnappt und spricht nicht mehr mit uns.

Wir warten nur die Zeit ab, bis sie gehen muss.

Beim Abschied meint sie nur – *Das wirst du bereuen, doch dann wird es zu spät sein. Merk dir das gut. Vielleicht sehen wir uns das letzte Mal.*

Sie weiß nicht, wie ich mich danach sehne …

Ich habe das Gefühl, mein Wohnraum wurde mit dreckigen Stiefeln beschmutzt.

Einen Tag später rufe ich an. Ich möchte wissen, ob sie gut angekommen ist. Sie gibt den Hörer meinem Vater. Er weiß wohl noch nichts von den Vorfällen hier. Erzählt etwas von den Tieren und wie schwierig es gerade wäre … wie anstrengend. Ich müsste da sein und mir das anschauen.

Ich beende das Gespräch. Es ist das letzte für die nächsten acht Jahre.

Wir bleiben in Kontakt, ich schreibe regelmäßig Karten und kurze Briefe.

Berichte von uns und den Kindern.

Ihre Post ist immer voll mit Drohungen, Anschuldigungen, Vorwürfen, Unterstellungen, Schuldzuweisungen.

Auf den Briefumschlägen steht immer nur mein Mädchenname – und der meines Mannes. Immer mit einem Trennungsstrich.

Wir waren noch nie eine echte Familie für sie.

Ein Jahr später sind wir zu Besuch bei meinen Schwiegereltern. Es ist sehr nett. Die Kinder freuen sich immer sehr, bei den Großeltern sein zu können.

Nach dem Kaffeetrinken meint mein Schwiegervater, er müsste mit uns etwas besprechen.

Er wirkt etwas unsicher, vielleicht besorgt.

Er erzählt uns, dass sie einen Brief von meinen Eltern bekommen haben.

Mein Vetter, der Anwalt für deutsch-polnisches Scheidungsrecht, wurde von meinen Eltern offensichtlich damit beauftragt, meinen Schwiegereltern zu schreiben.

Er schreibt sehr sachlich und zurückhaltend, in sehr gutem Deutsch – sagt mein Schwiegervater. Ich möchte diesen Brief nicht lesen. Auch nicht sehen.

Er antwortet sehr diplomatisch.

Uns und den Kindern geht es gut, und sie sollen sich noch gedulden.

Wir werden auf sie zukommen, sobald uns das möglich wird.

Wir brauchen offensichtlich noch etwas Zeit. Und es gebe wohl noch Dinge zwischen uns, die zu klären wären.

Ich darf den Brief lesen.

Später, da sind unsere Kinder schon etwas größer, sagen sie immer wieder, *sie sollen doch an der katholischen Universität studieren. Da kann man alles lernen ...*

*

Zu meiner Kommunion bekomme ich, wie fast alle Mädchen, Ohrringe, eine Uhr und recht viel Geld.

In den Sommerferien fahre ich wieder zu meiner Großmutter. Dorthin kommt meine Tante, sie ist Krankenschwester und wird mir die Ohren durchstechen.

Eigentlich wird das immer in den ersten Lebenswochen der Mädchen gemacht, mit der Begründung – *Säuglinge spüren keine Schmerzen.*

Ich wurde bis jetzt verschont. Aber jetzt will ich auch Ohrringe, wie alle anderen Mädchen.

Es ist eine abgemachte Sache.

Ich sehe das Kästchen aus Edelstahl auf dem Herd stehen. Das Wasser darin sprudelt schon.

Meine Tante wirkt angespannt.

Meine Oma redet dauernd dazwischen und gibt ihr Ratschläge, wie sie es am besten machen soll.

Sie hat schon mal zugeschaut.

Es tut höllisch weh. Es gibt keine Betäubung oder Pistole. Ich höre, wie der Knorpel durchtrennt wird.

Ich soll anschließend meinen Opa vom Feld holen. Ich weine auf dem Weg dorthin. Es sieht ja keiner.

Später sehe ich im Spiegel, dass das eine Ohr nicht gerade durchgestochen wurde. Die eine Durchstichstelle kommt unten am Ohr raus. Die Nadel ist wohl abgerutscht, und meine Tante wollte mir nicht noch mehr wehtun.

Damals wurden auch nicht gleich Ohrringe durchgezogen, sondern Seidenfäden. Sicher nicht steril. Man sagte, die Stiche würden besser heilen.

Als mein Vater es zu Hause sieht, meint er – *Das können wir so nicht lassen, das tut mir leid.*

Er hat Mitleid mit mir. Das sehe ich ihm an.

Eine Nadel wird wieder ausgekocht, er sticht das Ohr noch einmal durch. Jetzt geht alles gut.

Er zieht auch gleich die Ohrringe durch. Es tut wieder weh und ich weine.

Alles ist noch wund, aber ich habe es hinter mir.

Später lese ich, dass das Ohrstechen eine symbolische Bedeutung hat. Man will das Mädchen ans Haus binden. Ich weiß nicht, ob das stimmt …

Mit den Ohrringen bleibe ich jetzt immer an meiner Kleidung hängen, wenn mein Vater mich schlägt und reiße mir die Ohren ein.

*

Ich sehe meine Eltern beim Herumalbern.

Mein Vater versucht meine Mutter aufzuhalten. Er greift immer wieder um sie – mal links, mal rechts. Sie kichert, ich sehe aber, dass sie sich dabei unwohl fühlt.

Sie dreht den Kopf weg, zur Seite.

Ich bin dazwischen. Möchte, dass sie mich einbeziehen. Sie beachten mich nicht.

Meine Mutter wird von ihm nie geschlagen.

Seit ich mich erinnern kann, streiten sie oft. Manchmal sehr heftig. Beleidigen sich, schreien sich an. Er schlägt sie nie.

Nach den Tieren wirft er mal einen Stock, mal einen Ast oder was gerade so da liegt.

Ich sehe ihn es immer wieder tun.

Einmal mache ich es auf seine Anweisung nach. Ich soll es lernen, sonst bekomme ich Ärger, wenn die Schafe weg laufen. Ich versuche es immer wieder, doch ich kann noch nicht so gut zielen, und der Stock ist mir zu schwer. Mein Vater erwischt die Tiere immer an den Hinterbeinen. Er kann sehr gut werfen. Ich bin so ungeschickt, dass das alte Mutterschaf von mir am Becken getroffen wird. Das Tier bleibt stehen. Dreht den Kopf und schaut mich an. Direkt in die Augen. Ich bin wie erstarrt.

Mir bleibt die Luft weg.

Mein Vater schlägt die Tiere auch mit der Hand. Oft auf das Maul oder auf ihre Schnauze. Mal schubst er sie oder tritt nach ihnen.

Einmal schlägt er den Hund fast tot.

Ich erlebe ihn, wie er mit einer Axt auf meine Groß-mutter losgeht.

Wirklich prügeln und misshandeln tut er nur mich.

Ich bin ein Kind!

Er erzieht mich.

Wenn der Pfarrer im Beichtstuhl das nicht hinbekommt, wird er schon nachhelfen …

Schmerzen, Angst, dieses Gefühl von Ausgeliefertsein werde ich nie vergessen.

Die Angst, dass er es immer wieder tun wird, dass ich wieder Schmerzen ertragen muss, wird mich immer begleiten.

Es bleibt wie ein Stigma, eine Vernarbung, ein Brandzei-chen, das ich immer fühlen werde.

44

Ich verbrenne mich mit einem Heizkissen.

Meine Mutter kommt im Winter immer in mein Zimmer, bevor sie selber ins Bett geht und schaut nach, ob ich das Kissen ausgemacht habe.

Es ist kühl, und ich soll es benützen, um mich und mein Bett aufzuwärmen.

Ich schlafe wohl ein, bevor ich das Kissen ausmachen kann und meine Mutter kommt dieses Mal nicht zum Nachschauen. Sie hat es vergessen.

Als ich früh aufwache, habe ich eine große Blase am rechten Unterschenkel.

Gott sei Dank bleibt sie zu. Wäre die Flüssigkeit ausgetreten und in das Kissen gelaufen, hätte ich das wahrscheinlich nicht überlebt. Das Kissen war nicht wasserdicht.

Ich wundere mich über die komische Erhöhung auf meinem Bein. Was hat das auf sich … Ich gehe zu meiner Mutter.

Sie sagt, dass das meine Schuld wäre. *Sie ist einmal nicht gekommen, und schon passierte etwas.*

Zu meiner Taufe macht sie eine Torte, auf der mit kleinen Buttercremeröschen „Dem geliebten Töchterchen" geschrieben steht. Das hat sie mir nie erzählt …

Es wurden keine Fotos gemacht. Sie näht für mich ein Taufkissen und ein wunderschönes Taufdeckchen.

Die bekomme ich zur Geburt meines ersten Kindes.

Als ich acht Jahre alt bin, stößt sie mich von sich. In seine Hände.

45

Es ist der 6. Dezember. Nikolaustag. Es gibt keine Geschenke …

Zum ersten Mal in meinem Leben wache ich früh auf, und es gibt kein vertrautes Rascheln über meinem Kopf. Dort wurden immer die Nikolausgaben abgelegt. Ich konnte dann, wenn ich nachts wach wurde, die Hand ausstrecken und fühlen, dass da was lag. Einmal war es die sprechende Puppe, oft viele Bücher und schöne Anziehsachen.

Immer war eine Rute dabei. Goldfarben, mit einer roten Schleife.

Ein Gruß vom Nikolaus, der nur die braven Kinder beschenkt.

Jetzt ist nichts da. Auch den ganzen Tag über nicht. Ich kenne Kinder, die bekommen ihre Geschenke erst am Tag. Zu mir kam der Nikolaus nur in der Nacht.

Meine Mutter sagt nur – *Es gibt keine Geschenke. Das muss man sich verdienen. Zu solchen Kindern wie dir kommt kein Nikolaus*.

Am späten Nachmittag sagt sie dann doch – *Da, unter dem Bett liegt was. Nimm's dir – du hast es aber nicht verdient*.

Ich habe es mir nicht verdient.

Dieser Satz begleitet mich immer und überall. Ich bekomme ihn dauernd zu hören.

Ob es etwas zu essen oder zum Anziehen ist, etwas was ich brauche, oder was sie mir so kaufen. Ob Skier oder Schlittschuhe. Pelzjäckchen oder Winterstiefel. Schönes Kleidchen oder Schulsachen. Besuch der Musikschule und die Versicherungsgebühren dort.

Ich habe es mir nicht verdient. Wie eine Litanei.

Ihre Liebe habe ich mir auch nicht verdient.

Unter dem Schlafsofa in ihrem Zimmer darf ich etwas hervorholen.

Es liegt am Boden. Ich ziehe es raus.

Ein kleines Päckchen mit Süßigkeiten. Eine Rute ist dabei.

*

Ich bekomme neue Skier und darf sie auch anziehen und ausprobieren. Mein Vater schärft mir ein, ja auf die Skier Acht zu geben und pfleglich mit ihnen umzugehen. So was hat nicht jeder, und er durfte die alten Holzskier seines Vaters nur heimlich benützen, wenn es keiner mitbekommen hatte.

Mit meinem Nachbar, er ist gleich alt und wir waren zusammen in einer Schule, fahren wir immer wieder einen Hügel herunter.

Ich bin noch nie Ski gefahren. Er ist in meinen Augen ein Profi. Er gibt auch mächtig an, es ist aber lustig, weil er auch über seine „Unfälle" richtig lachen kann, und das nimmt mir etwas meine Angst.

Er erzählt, wo er schon überall Ski fahren war. Auch im Ausland. Ich staune.

Er baut sich eine kleine Schanze, und am nächsten Tag will er sie noch ausbauen. Richtig mit einer Konstruktion aus Brettern. Er ist handwerklich sehr geschickt.

Ich traue mich nicht, über die Schanze zu springen und fahre auch sonst nur von der halben Höhe. Ich fühle mich auf den Skiern nicht wirklich wohl. Ich habe dauernd das Gefühl, beobachtet zu werden. Ich möchte nicht hinfallen.

In den letzten Jahren habe ich mir mehrmals meine rechte Hand angebrochen, und das will ich nicht noch einmal erleben.

In ein paar Wochen sind wieder Prüfungen. Da muss ich fit sein beim Vorspielen.

Allmählich wird es dunkler, und wir gehen über die mit Schnee bedeckten Felder nach Hause.

Wir unterhalten uns über die Schule, unsere Freunde, als ich plötzlich meinen Vater vor dem Haus sehe. Er droht mir mit einer Faust, und ich höre ihn rufen – *Warte nur, wenn du heimkommst …* Ich verzögere meine Schritte und mein Nachbar meint – *Ich glaube das gibt Ärger. Da kannst du dich schon mal darauf einstellen.* Er grinst.

Ich weiß nicht, was mein Vater von mir will.

Bin ich zu spät gekommen oder den falschen Weg gelaufen?

Ich gehe sehr leise hinein und stelle meine Skier an die Wand. Dabei fällt mir auf, dass sie ein paar Kratzer abbekommen hatten. Ich bin noch nie Ski gefahren und meine, dass das meine Schuld sei, weil ich es nicht richtig mache.

Ein paar Jahre später werde ich die Skier meines Mannes sehen.

Sie bestehen eigentlich nur aus Kratzspuren. Da weiß ich es, es ist normal.

Jetzt habe ich Angst. Mein Vater kann nicht Ski fahren, weiß aber wie man es richtig macht.

Er ist auch gleich da und brüllt mich an, *ob ich denn blind sei und nicht sehe wo ich hinlaufe?! Die Skier seien ja total kaputt!* Ich bin über den gepflügten Acker gelaufen und der war nicht vollständig mit Schnee bedeckt! *Ich wäre doch so blöd und undankbar!*

Dieses Mal schlägt er mich nicht. Ich bin wohl trotzdem ruhig genug, und er findet nicht genug Anlass, um auf mich loszugehen.

Als er fertig ist, gehe ich in den Keller, nehme meine Skier und trage sie samt Stiefeln auf den Dachboden.

Dort stehen sie bis heute. Ich habe sie nie mehr angefasst.

*

Ich werde 18 Jahre alt.

Am Vormittag kommen meine Eltern in mein Zimmer. Sie haben eine kleine Schachtel dabei.

Darin befindet sich ein kleiner Ring mit Türkisen.

Ich kenne den Ring und die Schachtel schon seit langem. Sie haben gesagt, *das bekomme ich, wenn ich volljährig werde.* Die Stimmung ist merkwürdig. Sie sind gerührt, gleichzeitig aber wollen sie mir gegenüber keine allzu großen Gefühle zeigen.

Sie gratulieren mir und gehen. Das war alles.

Für den Nachmittag habe ich meine Freundin und einen Freund aus der Musikschule eingeladen. Die Torte habe ich mir selber gebacken.

Es ist sehr nett mit ihnen.

Zum Abendessen gibt es dann Kohlrouladen. In Polen ein sehr populäres Essen für eine Feier. Es lässt sich sehr gut vorbereiten.

Meine Mutter hatte gerade welche gemacht, und ich darf sie meinen Freunden servieren.

Nachdem sie gegangen sind, werde ich belehrt, *dass das ja nicht selbstverständlich sei.*

Und ich soll doch bitte mehr Dankbarkeit zeigen. Sie machen ja alles für mich ... Sie hätten es nie so gut gehabt ...

Vor kurzem unterhielt ich mich mit einem befreundeten Arzt.

Er sagte: *Kinder, die unter materiellen Entbehrungen gelitten haben, aber gleichzeitig emotionale Unterstützung erlebt haben, gedeihen gut und werden zu starken Persönlichkeiten.*

Ich habe nie Liebe bekommen, aber im Rahmen der Möglichkeiten meiner Eltern hatte ich alles.

46

Meine Eltern spenden nie Geld. Nur wenn es nicht anders geht. Weil es Vorschrift ist, oder es ist etwas, was ich für die Schule bringen muss. Quasi eine höhere Macht.

Ich bin mit meinem Freund zusammen und studiere im ersten Semester.

Eines Tages sehen wir im Schaukasten eine kleine Anzeige.

Ein Mädchen, ebenfalls Musikstudentin, hat Leukämie.

Jemand sammelt Spenden für die teuren Untersuchungen und Behandlungen.

Mein Freund lässt sich die Anzeige von mir übersetzen und meint – *Da müssen wir was machen.* Er organisiert drei Orgelkonzerte in Deutschland.

Die Einnahmen für die Karten, die Spenden, das Geld, das der Pfarrer noch zusätzlich spendet und auch die Spenden der Musiker, die auf ihre Gage verzichten, werden auf das Spendenkonto des Mädchens überwiesen.

Die Familie meines Freundes spendet auch Geld.

Ich bin beeindruckt. Sie haben vier Kinder. Davon zwei im Studium.

Meine Eltern kennen die Geschichte des Mädchens. Sie wissen, was wir machen, um ihr zu helfen und geben nicht einmal einen Złoty.

Das kann man doch nie wissen … vielleicht ist es Betrug, ist ihre Begründung. *Die Eltern von _ihm_ können es sich halt leisten.* Ich schäme mich für sie.

Es vergehen Wochen.

Eines Tages hält ein Taxi vor dem Haus meiner Eltern. Ich sehe eine junge Frau aussteigen. Ich erkenne sie. Es ist das Mädchen. Sie lebt und kommt, um sich bei uns zu bedanken.

Das Geld reichte aus, und sie bekam eine Stammzellen-transplantation.

Sie trägt noch eine Perücke, zieht sie aber aus und zeigt uns ihre Haare.

Sie berührt sich mit der Hand am Kopf und sagt – *Schau … es wächst.* Sie strahlt.

Meine Eltern kommen nicht einmal, um sie kennen zu lernen und zu begrüßen.

Sind aber da. Sie sitzen in der Küche. Kein Radio, kein Fernseher ist an. Die Tür ist zu, und sie lauschen.

Immerhin darf ich dem Gast eine Suppe anbieten.

Ich schäme mich wieder. Auch vor meinem Freund. Er kennt sie aber jetzt schon besser.

Ich kann mich überhaupt nicht daran erinnern, von meinem Vater einfach so in den Arm genommen worden zu sein.

Ich weiß, dass ich zweimal bei ihm auf dem Schoß saß. Das ist die einzige Erinnerung.

Einmal darf ich bei ihm sitzen, weil die Straßenbahn so voll ist, dass ich gar nicht stehen kann. Die Menschenmenge würde mich erdrücken.

Beim zweiten Mal will ich ihn dazu bringen aufzustehen, um mich in die Musikschule zu begleiten.

Es ist so langsam Zeit loszufahren, und ich will nicht zu spät kommen.

Er ist wirklich völlig vertieft in ein Abenteuerbuch.

Es ist das „Durch die Wüste und Wildnis" von Henryk Sienkiewicz. Ein Klassiker der polnischen Jugendliteratur. Das ist auch das einzige Buch, das ich ihn in der ganzen Zeit, die ich bei ihnen verbringe, so begeistert lesen sehe. Er nimmt es sogar auf die Arbeit. Das Buch hat schöne Bilder. Es sind Originalaufnahmen aus dem Kinofilm.

Ich setze mich auf seinem Schoß, und am Ende lesen wir zusammen weiter.

Ich bin sowieso eine Leseratte. Wir vergessen beide die Zeit und kommen doch zu spät.

Ich meine, dass er mich schon des Öfteren auf dem Schoß hatte, aber ich kann mich nicht daran erinnern. Nur das Gefühl ist da. Oder ist es ein Wunschdenken?

Als ich klein war und wir den Gottesdienst stehend verbringen müssen, weil es keine freien Sitzplätze mehr gibt, lege ich mir oft seine Hände um mein Gesicht. Ich spiele mit seinen Fingern. Das ist schön. Ich möchte es immer so haben. Er lässt es zu. Ist entspannt.

Ansonsten gibt es keinen liebevollen Körperkontakt. Auch nicht mit meiner Mutter.

Die üblichen Rituale mit Küssen (in Polen immer dreimal) und Hand geben (die allerdings bei Frauen immer kraftlos, ohne Ausdruck gegeben wird) können es nicht ersetzen.

Ich kuschele stattdessen mit unseren Hunden. Ich habe keine Geschwister.

Die Tiere sind für mich immer da. Freuen sich, wenn ich komme. Sie lehnen sich bei mir an und lassen sich streicheln. Sie schauen mir in die Augen und fordern mich auf, sie zu liebkosen, indem sie ihren Kopf unter meine Hand schieben. Oder unter den Arm.

Oft liegen wir zusammen, meine Eltern sollen es aber am besten nicht mitbekommen.

Ich werde doch dreckig und ich soll doch die Tiere nicht so verziehen; ein Hund muss wissen, wo er hingehört, sagen sie.

Unsere erste Schäferhündin kommt aus einer Familie mit vielen Kindern.

Sie will nur bei mir im Zimmer schlafen. Ihre Familie fehlt ihr sichtlich.

Sie wird dann nach draußen komplementiert – *ein Hund hat nichts im Hause verloren*, sagt Vater. Nach kurzer Zeit bekommt sie schlimme Hautausschläge. Kein Medikament hilft.

Damit ist sie für meinen Vater unbrauchbar. Sie kann ja keine Welpen mehr bekommen, und nicht einmal das Fell kann er später verwenden. Sie ist aber sehr treu und wachsam.

Sie darf normal sterben. Wird aber nicht begraben, sondern auf den Misthaufen geworfen, wo sie verrottet und später als Dünger für die Felder herausgebracht wird.

47

Mit 21 ziehe ich in mein Klavierzimmer um. In meinem bisherigen Zimmer schläft mein Freund, und im Zimmer meiner Eltern will ich nicht schlafen.

Lieber schlafe ich neben meinem Flügel auf der Luftmatratze.

Eines Abends, ich habe mich schon hingelegt, geht die Tür auf und mein Vater kommt rein.

Er schaut ernst. Ich bin angespannt. Was kommt denn jetzt schon wieder?

Er setzt sich hin und fragt mich, ob ich denn wüsste, was heute für ein Tag sei?

Es ist der erste Juni. Der Internationale Kindertag, der in Polen immer mit Eis in der Schule und kleinen Geschenken in der Familie gefeiert wird. Meine Eltern sagten heute bis jetzt kein Wort zu mir.

Ich antworte und warte, was er jetzt sagen wird. Wie kommt er jetzt darauf?

Du bist nicht mehr mein Kind, du hast dich so verändert …

Mit zehn, ja, da warst du es noch. Jetzt nicht mehr. Du weißt was ich meine … sagt er.

Ich bin sprachlos. Es gibt nichts, was ich darauf antworten könnte, außer – *ich hätte auch gerne einen anderen Papa gehabt.* Er geht wieder …

Er hatte schon früher so etwas angedeutet. Auch als ich gerade zehn war.

Ich fühle mich so fremd.

In meinem eigenem Elternhaus.

Ich habe dort nie wirklich hingehört.

Ein Störfaktor. Ein Auswurf. Unangepasst.

Er merkt, dass er mich durch Schlagen nicht mehr einschüchtern oder verändern kann.

Ich werde gehen. Es ist eine Frage von Wochen …

Wir fahren nach Deutschland. Dort angekommen, fühle ich mich zu Hause. Ich werde angenommen. Vorbehaltlos. Ich bin ihr fünftes Kind.

Ich wäre gerne in dieser Familie groß geworden. Ich darf immerhin jetzt erleben, was ein liebevoller Umgang bedeutet.

Nach Weihnachten ruft meine Mutter an und will wissen, wann ich denn gefälligst vorhätte, wieder nach Hause zu kommen. Ich traue mich nicht, ihr die Wahrheit zu sagen. Nicht einmal hier lassen sie mich in Ruhe. Ich habe Angst vor ihren Anrufen. Ich habe Angst, dass sie eines Tages vor der Tür stehen.

Sie sagt, dass *meine Gastgeberfamilie doch sicher nur zu vornehm und zu intelligent wäre und mich deswegen noch nicht nach Hause geschickt hätte. Aber sie werden es schon merken, was ich für eine bin.*

Wir kehren nie mehr zurück. Wir besuchen sie nur, und meistens nach drei Tagen wollen wir einfach nur weg von dort.

48

Ich gehe noch nicht zur Vorschule. Ich bin mit meinem blauen Fahrrädchen unterwegs. Ich war bei meinem Vater auf der Baustelle. Jetzt fahre ich nach Hause.

Eine Geschichte, die damals oft erzählt wird, beschäftigt mich sehr. Sie macht mir Angst, und ich schaue immer, dass ich keinen großen, schwarzen Autos begegne.

Ein Ehepaar möchte nach Russland über die polnische Grenze, Gold schmuggeln.

Da es sehr strenge Kontrollen gibt, entführen sie ein Kind, bringen es um, und in seinem Bauch verstecken sie das Gold. Es ist ein Mädchen. Ungefähr in meinem Alter.

Der Beamte an der Grenze wird jedoch misstrauisch, da ihm das Kind sehr blass vorkommt. Die Verbrecher werden festgenommen und ins Gefängnis gebracht.

Sie waren mit einem schwarzen, russischen Auto unterwegs. Einem „Wolga".

Wir Kinder haben jetzt panische Angst vor solchen Autos.

Unser Nachbar hat so ein Auto und er fährt gerade aus der Ausfahrt um die Ecke.

Das sehe ich nicht. Ich sehe nur das Auto aus der Kurve herausfahren. Direkt auf mich zu.

Ich erschrecke so sehr, dass ich über das Fahrrad auf die weiße Schotterstraße fliege.

Ich falle auf den Kopf, und ganz viele weiße Steinchen bohren sich in meine Haut.

Die Nachbarin ist schnell zur Stelle, nimmt mich auf die Arme und trägt mich nach Hause.

Ich habe sicher eine Gehirnerschütterung. Ich muss mich erbrechen und schlafe gleich ein.

Meine Mutter muss zur Arbeit, und die Großmutter macht mir einen Umschlag auf die Stirn.

Noch nach Jahren kommen aus meiner Stirn kleine Schotterpartikel.

49

Mein Vater hat Phasen, in denen er starke Vorlieben für bestimmte Nahrungsmittel entwickelt.

Mal sind es Kräuter oder Gemüse, mal Getränke.

Wenn es Suppe gibt, muss sie dick mit Petersilie bestreut werden. Petersilie hat viel Eisen und hilft gegen Rheuma, hat er gehört. Ich bekomme ganz viel Grün auf meinen Teller gestreut, alles schmeckt danach. Ich soll es essen. Es ist gesund.

Als ich erkältet bin, muss ich Hundefett trinken. (Dachse und Bären gibt es in der Gegend nicht.) In Kaffee aufgelöst. Es ist gut gegen Husten. Ich soll es möglichst heiß und auf einmal trinken. Am besten die Nase dabei zuhalten.

Meine Mutter trinkt es nie. Sie bekommt es einfach nicht runter. Sie wird dann gleich als Gräfin verschrien. Sie bleibt aber hartnäckig und weigert sich standhaft.

Ich trinke aus und bin dann *ein tolles, starkes Mädchen. Keine Memme wie die Mama.* Papa ist zufrieden und stolz auf *seine tapfere Tochter.*

Eine andere Variante ist eine Mischung aus Eigelb, Himbeersaft, Zitronensaft und Zucker.

Der Anblick erinnert an Erbrochenes, und schmecken tut es auch sehr ähnlich.

Ist aber auch gut bei Erkältungen.

Gedünstete Zwiebel hilft auch. Meistens muss ich unter Tränen ein ganzes Pfännchen essen. Es schmeckt nur nach Fett, und mir wird schon nach einem Löffel schlecht.

Manchmal müssen auch Haustiere daran glauben. Die frisch abgezogene Haut einer Katze hilft auch bei Rheuma. Ich sehe wie mein Vater sich die Hände mit der noch warmen Haut umwickelt. Sie sind blutverschmiert. Er meint, es geht ihm schon viel besser …

50

Ich spiele Orgel in einer Kirche am Rande der Stadt. Acht Messen am Sonntag. Mein Freund ist so nett und bringt mich mit dem Auto dorthin. Die Pfarrer dort sind alle sehr freundlich. Der Propst ist eine echte Vaterfigur für die jungen Vikare. Mein Freund fährt in den Winterferien nach Hause, und ich darf das Telefon aus dem Pfarrhaus benützen, um ihn anzurufen. Bei uns zu Hause wird es noch ein Jahr dauern, bis es ein Telefon gibt. Der Pfarrer meint, *dass das wohl große Liebe wäre, wenn ich mein Weihnachtsgehalt für das Telefonieren ausgebe ...*

Zu gleicher Zeit stehe ich an einer Bushaltestelle. Alleine. Eine Dame, etwa im Alter meiner Mutter, schaut mich immer wieder an und kommt mir immer näher. Sie spricht mich an. *Ich wäre genau die richtige Frau für ihren Sohn –* meint sie. Ich muss lachen. *Wie kommt sie denn darauf?* frage ich erstaunt. Sie meint – *Das sieht sie. Ich bin hübsch, wohl auch klug, und kann wahrscheinlich ihrem Sohn sagen, wo es lang geht ... Er hätte auch genug Geld gespart. Ich bräuchte mir keine Sorgen machen. Er wäre halt so schüchtern mit den Frauen, da muss sie ja etwas nachhelfen ...*

Na, auf diesen Burschen bin ich wirklich gespannt ...

Ich sage ihr, dass ich schon einen Freund habe. Sie ist sehr enttäuscht. Sagt dann, dass sie sich das hätte denken können. Wünscht mir alles Gute für die Zukunft und steigt in den Bus. Noch einmal schaut sie mir nach.

Es ist so weit. Nicht nur die Männer finden mich attraktiv. Sogar ihre Mütter laufen mir hinterher.

*

In den Sommerferien arbeite ich zwei Wochen lang bei einem Orgelwettbewerb und ich verdiene mein erstes „großes" Geld. Ich weiß auch, was ich mit meinem Anteil machen werde.

Damals habe ich nur eine Touristen-Krankenversicherung. Nur für Notfälle, und ich kann mich nicht einfach so, ohne dringenden Verdacht beim Zahnarzt behandeln lassen. Ich will aber unbedingt zum Zahnarzt und meine schlechten polnischen gegen die billigsten, aber hundertmal stabileren deutschen Zahnfüllungen austauschen.

Der Zahnarzt ist ein vorsichtiger, mitfühlender Mann um die Dreißig. Er wundert sich, als er hört, was er alles auf einmal machen soll. Er warnt mich und meint, dass es durchaus schmerzhaft sein wird.

Ob ich es aushalte?

Ein paar Zähne wurden in Polen nicht richtig behandelt und können nicht mehr gerettet werden.

Er zieht sie alle auf einmal. Ich will es so. Er leidet mit und schaut immer wieder mitfühlend an.

Ich halte es schon aus, sage ich zu ihm – *Hauptsache meine Zähne sind wieder in Ordnung.*

Schmerzen aushalten ist für mich nichts Neues. Ich bin gut trainiert.

Bei meinen Eltern angekommen, zeige ich stolz meine neue Errungenschaft. Gesunde Zähne.

Ich habe mich zu früh gefreut. Mein Vater ist außer sich. *Wie ich denn bloß dazu komme, mein erstes „deutsches Geld" gleich wieder für eine blöde Zahnbehandlung auszugeben. Es gebe so viele wichtige Sachen die ich mir hätte kaufen können, etwas für die Zukunft ...*

Sie haben gerade ihre Gebisse machen lassen. Meine Mutter trägt ihres zu meiner Hochzeit. Sie kann kaum etwas essen, da das Zahnfleisch noch nicht ganz abgeheilt ist.

Mein Vater kommt gar nicht. Ich bin ihm nicht wirklich böse. Ich muss ihn nur vor der Hochzeit anrufen, um mir seinen Segen zu geben. So ist der Brauch. Meine Mutter besteht darauf. Sie will auch, dass ich dringend vor der Hochzeit zu einer Beichte gehe. Dem kann ich entkommen, indem ich ihr einrede – *So etwas gibt es in Deutschland schon lange nicht mehr.* Das stimmt auch wirklich. Wir führen ein sehr nettes Gespräch mit dem Pfarrer. Aber es ist keine Beichte ...

Einmal nur, als ich ihn frage, warum die Beichtstühle immer leer sind, (ich beobachte es immer wieder an der Orgel sitzend und aus Polen kenne ich unendlich lange Schlangen, speziell vor den Feiertagen) sagt er – *Sie können jederzeit kommen, wenn Sie das Bedürfnis dazu haben, aber da reden wir miteinander, und nicht im Beichtstuhl.*

Meine Mutter schüttelt nur den Kopf. *Ihr wohnt doch aber schon zusammen,* sagt sie.

Ja, genau.

Und mein sehr pragmatisch veranlagter Vater meint – *Die werden ja dort nicht nur das „Vater unser" beten …* Da muss ich ihm wirklich dieses Mal Recht geben …

Ich spiele in der Nähe des Hauses. Ich bin völlig vertieft in meiner Beschäftigung. Ich höre ein lautes, dumpfes Geräusch. Mein Vater ruft nach mir. Immer und immer wieder. Fordernd. Ich soll sofort zu ihm kommen.

Ich stehe auf und gehe um das Haus herum, auf meinen Vater zu. Er rennt mir entgegen und fragt aufgeregt, *ob ich denn nichts mitbekommen hätte?* Er ist sehr verängstigt und besorgt, schaut mich aber sichtlich erleichtert an.

Vor dem Hauseingang befindet sich eine kleine Terrasse. Etwa eineinhalb Meter über dem Boden. Ich spiele sehr gerne darunter. Verstecke mich dort und meine Schätze. Gerade eben ist ein großer Teil der Terrasse abgebrochen und heruntergefallen. Ich sehe die Trümmer auf dem Boden liegen. Jetzt begreife ich, warum mein Vater so sorgenvoll schaut. Ich hätte ja drunter liegen können ...

Am nächsten Tag wird alles repariert, und mein Versteck bekommt eine Trägersäule, Wände und Tür, die dann auch verriegelt wird. Mir wird strengstens untersagt, alleine dorthin zu gehen. Trotzdem gehe ich hin und schaue mir neugierig alles an. Das wäre jetzt wirklich ein tolles Versteck ...

Später wünsche ich mir immer wieder, dass so etwas noch einmal passiert. Ich wäre alle meine Sorgen los, und meine Eltern mich ...

Ich fange an der Musikschule an. Klavier, Chor, Harmonielehre, Gehörbildung, Grundlagen der Musiktheorie und Musikgeschichte sind alles Fächer, die zweimal in der Woche stattfinden.

Nach den ersten Wochen erkrankt meine liebe Lehrerin, und wir, ihre Schüler, werden kurzerhand an andere Lehrer verteilt, die gerade noch frei sind. Man weiß aber, dass nur die schlechten Lehrer über freie Plätze verfügen …

Meine neue Lehrerin ist ein Drachen. Zerzaust und ungepflegt steht sie meistens am Kachelofen herum, stampft mit den Füßen den Rhythmus des zu spielenden Stückes auf dem Boden. Sie schreit mich an und beleidigt mich in jeder Stunde. *Ob ich denn doof wäre und nicht hören würde, was ich spiele?!!* Sie schlägt mit ihren schmuddeligen Händen auf meine Finger und schmiert mit ihrem Kugelschreiber in meinen Noten. Ich erinnere mich daran, wie entsetzt ich darüber war. Das kann man doch nicht wegradieren!!! Mir wurde damals von meinen Eltern aber auch in der Grundschule eingeschärft, nie mit einem Kugelschreiber oder einen Füller in den Büchern zu schreiben. Was diese Lehrerin sich erlaubt, macht mich sprachlos. Ich erstarre jedes Mal, wenn ich sie den Kugelschreiber in die Hand nehmen sehe.

Ich habe Angst vor ihr und verabscheue sie dafür, was sie macht. Ich verliere jegliche Lust am Musizieren.

Meine Eltern wissen nicht, was sie tun sollen. Sie meinen, *ich soll mich zusammenreißen. Das wird schon, und vielleicht kommt ja meine alte Lehrerin wieder. Ich soll halt beten.*

Meine Mutter kauft eine große Schachtel Pralinen, ein paar Strumpfhosen (damals ein Ding der Unmöglichkeit) und geht mit mir in den Unterricht.

Sie entschuldigt sich bei der Lehrerin dafür, dass ich so eine schlechte Schülerin bin.

Und *ob sie doch eine Möglichkeit sehen würde, mit mir weiter zu arbeiten …*

Die Lehrerin öffnet die Pralinen und bietet mir auch etwas an, mit der Bemerkung, *sie bekommt von der Schokolade Verstopfung. Und sie will schauen, dass aus mir was wird und ich die Prüfung am Ende des Halbjahres bestehe. Aber eigentlich gehöre ich nicht an diese Schule. Ist ja schließlich eine Eliteschule. Wie hätte ich bloß die Aufnahmeprüfung bestanden? Wahrscheinlich über Beziehungen … ? Diese Einrichtung ist nichts für Durchschnittskinder.*

Ein paar Wochen später sitze ich im Flur und warte auf meine Klavierstunde. Meine alte Lehrerin ist wieder da! Ich höre zu, wie sich zwei Lehrerinnen neben mir unterhalten. Es geht um die Tochter der Vertretungslehrerin, die an derselben Schule Geigenunterricht hat. *Es ist eine Schande, dass so was an der Schule sein darf,* sagt die eine. *Das kannst du wirklich sagen, eine Schande ist das,* bestätigt die andere.

Es klingt wie Musik in meinen Ohren. Immerhin gibt es noch andere hier, die doof sind ...

Am Ende des Jahres bestehe ich die Prüfung und werde von meinem Vater zum Essen ausgeführt. Ich bin wirklich ausgehungert. Er sagt nichts, schaut mich aber immer wieder an und fragt, ob es mir schmeckt. *Ja, schmeckt köstlich ...* Er strahlt mich an. *Lass es dir schmecken,* sagt er, *so was hat es zu meiner Zeit nicht gegeben ...*

Zu seiner Erstkommunion gab es ein Butterbrötchen und Kakao im Pfarrersgarten. Als er nach Hause kam, musste er die Tiere versorgen und Kühe hüten gehen. Keiner hat nachgefragt oder sich mit ihm gefreut.

Ich bin nur glücklich. Papa ist stolz auf mich.

*

Sommer. Ich bin mit meinem Vater am Heu wenden. Es ist eine große Wiese. Mindestens 1/3 Hektar. Ich finde es unendlich groß. Die Sonne brennt. Meistens bekomme ich bei dieser Arbeit Sonnenbrand an den Schultern, der so schmerzt, dass ich abends nicht einschlafen kann.

Wir sind erst am Anfang des Grundstücks und bewegen uns langsam, Reihe für Reihe, auf das andere Ende zu. Immer in einem bestimmten Rhythmus. Im gleichen Ablauf.

Ansetzen, leicht aber mit Schwung hochziehen, in der Bewegung loslassen und den Rechen locker in den Händen liegend hochkommen lassen. Einen Schritt weiter nach vorne. Immer und immer wieder. Eine Reihe zu Ende. Umdrehen. Jetzt in der Gegenbewegung. Wieder eine Reihe geschafft.

Mein Vater ist nicht gut drauf. Es stört ihn, wie ich es mache. *Das Heu wäre nicht locker genug. Ich soll es schneller hochziehen, so, dass der Wind besser durchkommt und das Heu trocknet.*

Ich bemühe mich, es richtig zu machen, er spürt aber meinen Widerwillen, und schon prasseln die Heugabelschläge auf meine Beine. Er schreit mich an, *wann ich denn endlich begreifen werde, er hätte mir das schon so oft gezeigt … weiß ich das denn immer noch nicht? Er wird mir gleich zeigen, wie das geht. Mit der Heugabel!!*

Unsere Nachbarn sind draußen. Sie sehen alles und hören zu …

Etwa zehn Jahre später bin ich in Deutschland und arbeite in einem Garten, den wir von einer Bekannten pachten. Die alte Frau schaut mir zuerst etwas skeptisch beim Arbeiten zu. *Sie wissen schon, die jungen Leute heute haben doch keine Ahnung,* sagt sie abfällig.

Eines Tages, sie ist schon in ihrem Garten, als ich komme, geht sie auf mich zu und meint – *Sie verstehen was davon. Ich sehe ja, wie Sie die Hacke halten. Das kann von den Jungen hier keiner mehr. Jetzt habe ich keine Angst um meinen Garten.*

Wir plaudern noch eine Weile. Sie hat keine Kinder und ist alleinstehend. Sie wartet jeden Tag, dass ich komme und hält nach mir Ausschau. Mit der Zeit verrät sie mir viele Einzelheiten aus ihrem Leben. Sie mag mich sehr.

Ich soll meine Eltern grüßen, wenn ich wieder nach Hause fahren werde, sagt sie. Sie haben mich anständig erzogen. Ich soll dankbar sein …

Mein Vater hat mich, sein eigen Fleisch und Blut, verprügelt. Hier eine Fremde. Eine deutsche Frau, die den Krieg überlebt hatte.

Wenn ich von ihr in Polen erzähle, ernte ich nur ungläubige Blicke.

Das ist doch eine Fremde und eine Deutsche dazu!! Wie kann man die überhaupt mögen? Sie war doch bestimmt ein Kapo in einem KZ-Lager, damals, im Krieg … Wie komme ich dazu, über die Deutschen so freundlich zu berichten? … Ich habe doch keine Ahnung!!! Nach Deutschland geht man doch nur, um Geld zu verdienen …

Mein Mann ist ein Deutscher.

Zeitfracht Medien GmbH
Ferdinand-Jühlke-Straße 7
99095 Erfurt, Deutschland
produktsicherheit@kolibri360.de